SI SCRIVE COSÌ

A Writing Workbook for Beginning Italian Students

Constance Anne Barbantini

 **Glencoe**

New York, New York   Columbus, Ohio   Chicago, Illinois   Peoria, Illinois   Woodland Hills, California

The McGraw-Hill Companies

Send all Inquiries to:
Glencoe/McGraw-Hill
8787 Orion Place
Columbus, OH 43240

ISBN : 0-8442-8035-6
Printed in the United States of America
8 9 10 11 12 13 045 09 08 07 06 05

FOREWORD

Si scrive così is designed especially for first-year students of Italian. The wide variety of exercises contained in this workbook will help beginning students gain a firm understanding of Basic Italian language structures.

The twenty-two lessons in this book review the important grammatical structures taught in most beginning Italian courses. The use of verbs in the present tense is fully presented, and Italian rules governing person, number and noun-adjective agreement are also treated at length. Vocabulary has been kept to a minimum so that students can focus on language structure.

Si scrive così may be used effectively in a variety of classroom situations. The task of acquiring writing skills at the beginning level is basically the same whatever the student's age. Thus, this workbook will serve as a useful supplement to basal texts at any grade level as well as in individualized instruction programs.

Exercises have been arranged according to difficulty and should be presented in the order given. Nevertheless, teachers may rearrange or even omit certain lessons depending on the needs of their students. To facilitate mastery of these writing exercises, teachers of younger students may wish to begin the lessons in class, assigning only one or two as homework. Older students, however, should have no difficulty handling longer assignments.

With its lively and challenging exercises, students will enjoy *Si scrive così* as well as gain a solid foundation in basic Italian structures. *Ora, scriviamo!*

INDICE

Lezione I — SALUTI

VOCABOLARIO: Buon giorno, Buona sera, Buona notte, Ciao, Come stai?, Come sta?, Bene, molto bene, Così, così, Arrivederci, ArrivederLa, a domani, a presto, a più tardi, a dopo

I.   Write three new sentences under each greeting. Use the words given in parentheses.

MODELLO: Buon giorno, Marco.

1. _Buona notte,_ Marco. (Buona notte)

2. _Buona sera,_ Marco. (Buona sera)

3. _Ciao,_ Marco. (Ciao)

A.   *Buon giorno*, Emilio.

1. _____ (Buona sera)

2. _____ (Ciao)

3. _____ (Buona notte)

B.   Come stai? *Molto bene, grazie.*

1. _____ (così, così)

2. _____ (bene)

3. _____ (molto bene)

C.   Ciao, Tina. A *domani.*

1. _____ (presto)

2. _____ (più tardi)

3. _____ (dopo)

II.   Write the greeting you would use at each time of day indicated by the pictures.

Buon giorno.   **Buona sera.**   **Buona notte.**

MODELLO: Anna: _Buona sera, Susanna._

Susanna: _Buona sera, Anna._

A.   Marta: _____

Elena: _____

B.   Roberto: _____

Didimo: _____

C.   Sig. Tini: _____

Sig. Galli: _____

III.   Look at the facial expression shown in the sketches and write the answer the second person in each conversation would give.

molto bene   **così, così**   **bene**

MODELLO: Anna: Come stai?

Maria: *Molto bene.* _____

A.   Sig.ra Rossi: Come sta?

Sig.ra Casai: _____

B.   Riccardo: Come stai?

Lino: _____

C.   Luisa: Come stai?

Paola: _____

IV.   How many ways can you say "goodbye" in Italian? Study the list below, and write five different answers that Franco could give to Mario.

Arrivederci.   **A dopo.**   **A più tardi.**   **A presto.**   **A domani.**

MODELLO: Mario: Ciao Franco. A presto.

Franco: *A domani, Mario* _____.

A.   Mario: Ciao Franco. A presto.

Franco: _____.

B.   Mario: Ciao Franco. A presto.

Franco: _____.

C.   Mario: Ciao Franco. A presto.

Franco: _____.

D.   Mario: Ciao Franco. A presto.

Franco: _____.

E.   Mario: Ciao Franco. A presto.

Franco: _____.

Lezione II — CHI È?

VOCABOLARIO: io, tu, lui, lei, Lei, noi, voi, loro, Loro.

I.   A.   Common Italian subject pronouns are listed below

io — I
tu — you (familiar)
lui — he
lei — she
Lei — You (formal)
noi — we
voi — you (familiar plural)
loro — they
Loro — You (formal plural)

Pretend you are the boy or girl pictured below. Study each sketch, and choose the pronoun from the following list that names the person or persons you are talking *about*. Write the pronoun on the line.

io   loro
lui   noi
lei   voi

MODELLO: _lui_

1. _____

2. _____

3. _____

4. _____

5. _____

6. _____

7. _____

8. _____

9. _____

10. _____

3

B. Choose and write the appropriate pronoun you would use when speaking *to* the people pictured below. Remember that *tu* is usually used with people you normally call by their first names; *Lei* is used with people you would call Mr., Mrs. or Miss; *Loro* is the plural form for *Lei*.

tu   **Lei**   **Loro**

MODELLO: *Lei*

1. _____
2. _____
3. _____
4. _____
5. _____

II. A. Pretend that you are Marco in the following conversation. Depending upon the person or persons you are speaking to, fill in the blanks with *tu*, *voi*, *Lei* or *Loro*.

MODELLO: Sig. Verdi: Come stai, Marco?

Marco: Molto bene, Sig. Verdi, e _*Lei*_?

1.   Susanna: Come stai, Marco?

Marco: Molto bene, Susanna, e _____?

2.   Sig. na Nuti: Come stai, Marco?

Marco: Molto bene, Sig. na Nuti, e _____?

3.   Sig. Rossi e

Sig. Martini: Come stai, Marco?

Marco: Molto bene, Signori, e _____?

4.   Maria: Come stai, Marco?

Marco: Molto bene, Maria, e _____?

5.   Lucia e Nina: Come stai, Marco?

Marco: Molto bene, Lucia e Nina e _____?

4

B. You are answering questions about people you know. Follow the models, and depending upon whom you are speaking about, write *lui*, *lei* or *Loro*.

MODELLI: Come sta Anna? _Lei? Molto bene._

Come stanno il Sig. Pucci e il Sig. Bruni? _Loro? Molto bene._

1. Come stanno la Sig. na Tini e la Sig. ra Galli? _____

2. Come sta Francesco? _____

3. Come sta Iride? _____

4. Come stanno la Sig. ra Marchi e il Sig. Mancini? _____

5. Come sta Giuseppe? _____

Lezione III — COME STAI?

GRAMMATICA: stare (to indicate state of health or feeling)

VOCABOLARIO: stare

I.   A.   The verb stare is used to show how someone feels. Choose the correct form of the verb stare from the list, and complete each sentence.

io — sto
tu — stai
lui, lei, Lei (one name) — sta
noi, __ e io — stiamo
voi — state
loro, Loro, (more than one name) — stanno

MODELLO: Paolo e Franca **stanno** bene.

1. Io _____ molto bene.

2. Lui _____ così, così.

3. Loro _____ bene.

4. Lei _____ male.

5. Noi _____ molto bene.

6. Tu _____ così, così.

7. Papà _____ bene.

8. Voi _____ male.

B.   Refer to the sketches next to each sentence. Fill in the blank with the appropriate form of stare, and judging by the facial expression in each sketch, write in *molto bene, così così, male.*

MODELLI: Lui _Sta così, così_.

   Loro _Stanno male_.

   Noi _stiamo molto bene_.

1.      Loro _____

2.      Noi _____

6

3. Tu _____

4. Didimo _____

5. Rina e Laura _____

6. Io _____

7. Lei, Sig. Rossi _____

8. Lei, Sig. ra Pini _____

C. Choose the proper verb from the list in Section A and, following the model, write a question asking how each person feels.

MODELLI: (tu) _Come stai?_ *

Maria _Come sta Maria?_

(lui) _Come sta?_

1. (lui) _____

2. (tu) _____

3. Giovanni _____

4. (lei) _____

5. Marta _____

6. (Loro) _____

7. (voi) _____

8. (lui e lei) _____

9. Anna e Maria _____

10. Michele e Mario _____

*NOTE: In Italian, subject pronouns are usually omitted because the verb form indicates the subject. (*stai,* for example, can only be *tu*). Subject pronouns may be included for clarification or extra emphasis.

II. A. Following the model, write the answer to each question as though it were directed to you or to you and another person. Begin each response with *sto* or *stiamo*, whichever is appropriate.

MODELLI: Come stai, Mario?

Sto molto bene, grazie.

Come state, Lino e Gino?

Stiamo molto bene, grazie.

1. Come stai, Franco?

   _____

2. Come state Gina e Lina?

   _____

3. Come sta Lei, Sig. Fini?

   _____

4. Come stai, Luciana?

   _____

5. Come sta Lei, Sig. na Forte?

   _____

B. Answer the following questions about the people pictured. Notice that the verb forms are the same in both the question and the answer.

Remember that it is not necessary to write the subject pronoun in the answer, although it may be included for extra emphasis.

MODELLI: Come sta Franco? _Sta così, così._

Come stanno Anna e Luisa? _Stanno così, così._

1. Come sta Gianni?

   _____

2. Come stanno il Sig. Galli e il Sig. Tini?

   _____

3. Come stanno Luisa e Margherita?

   _____

4. Come stanno Paolo e Francesca?

   _____

5. Come sta la Sig. na Volpe?

   _____

III.   Choose from the list a logical sentence to write in each "balloon" to form a conversation.

Sto molto bene, grazie, Sig. Rossi. E Lei?
Lui sta bene, grazie. Come sta la Sig. ra Rossi?
ArrivederLa, Sig. Rossi.
Ciao, Nita. Come stai?
Sto così, così, grazie. Come sta il tuo papà?
Sta bene. Beh, arrivederci, Nita.

_____   _____   _____
_____   _____   _____
_____   _____   _____

_____   _____   _____
_____   _____   _____
_____   _____   _____
_____   _____   _____

Lezione IV — DOV'È?

VOCABOLARIO: la casa, la classe, la scuola, la tavola, il giardino, il libro, la penna, la matita, in, a

I. A.   *Essere* is used to indicate the location of someone or something.

Example: Dov'è Maria? — Where is Mary?

Maria è a scuola. — Mary is at school.

io — sono
tu — sei
lui, lei, Lei (one name) — è
noi — siamo
voi — siete
loro, Loro (more than one name) — sono

Choose the proper form of the verb essere to complete each sentence.

MODELLO: Lei ___*è*___ in casa.

1. Io _____ in classe.

2. Alberto _____ in giardino.

3. Tu _____ a scuola.

4. Loro _____ in casa.

5. Felice e io _____ in classe.

6. Il libro _____ sulla tavola.

7. La matita e la penna _____ sulla tavola.

8. Elena e Rita _____ in giardino.

B.   Refer to the sketches next to each sentence. Complete each sentence with the correct form of *essere* and the location indicated by the picture.

in casa   **in classe**   **a scuola**   **sulla tavola**   **in giardino**

MODELLO: Anna ___*è in casa*___.

1. Papà _____.

2. Papà e mamma _____.

3. Io _____.

4. tu _____.

5. Noi _____.

6. La penna _____.

7. La penna e la matita _____.

8. Franco e Marco _____.

10

C. To ask where someone or something is, begin the question with *Dove* (where), follow with the correct form of *essere* and the subject.

Choose the appropriate verb form from the list in Part A and write a question asking where each subject is.

MODELLI: (Lei) _Dov'è Lei?_

          (tu) _Dove sei?_

        (loro) _Dove sono loro?_

1. (tu) _____

2. (voi) _____

3. Gianni _____

4. (lui) _____

5. il libro _____

6. (Loro) _____

7. Maria _____

8. Marta e Nita _____

9. Lei _____

10. (noi) _____

II. A. The following questions are directed to you. Refer to the sketches, use the phrases given, and answer the questions.

in casa　　**in classe**　　**a scuola**　　**in giardino**

MODELLO: Dove sei? _Sono in casa_.

1. Dove sei? _____.

2. Dove sei? _____.

3. Dove sei? _____.

4. Dove sei? _____.

B. These questions are directed to you and a friend. Refer to the sketches in Part A and answer the questions.

MODELLO: Dove siete? _Siamo in casa_.

1. Dove siete? _____.

2. Dove siete? _____.

3. Dove siete? _____.

4. Dove siete? _____.

Lezione V — QUAL'È?

GRAMMATICA: articles, formation of plurals

VOCABOLARIO: il, i, lo, gli, la, le, un, uno, una, amico (-a), ragazzo (-a), professore, bambino (-a), professoressa, studente, studentessa, lezione, quaderno, carta, gatto, cane, famiglia, ecco

I. A. All Italian nouns are either masculine or feminine. Masculine nouns generally end in -o and feminine nouns in -a. The gender of nouns that end in -e must be learned. *Il, lo, la* and *l'* mean *the*. *The* is called a *definite article*. *Il* is used with a masculine noun, however, *lo* is used before s followed by a consonant or z. *La* is used with a feminine noun. *L'* is used before a masculine or feminine noun beginning with a vowel. The plural of *il* is *i*, of *lo* is *gli*, of *la* is *le*, of *l'* is *gli* or *le*. Fill in the blanks with the correct form of the definite article.

MODELLO: __il__ gatto
__la__ tavola

1. _____ casa
2. _____ giardino
3. _____ scuola
4. _____ amico
5. _____ amica

6. _____ bambino
7. _____ ragazzo
8. _____ lezione
9. _____ studente
10. _____ famiglia

B. Rewrite the following sentences, changing the underlined words from masculine to feminine forms.

MODELLO: Il maestro è in classe. *La maestra è in classe*.

1. Il bambino è in giardino. _____.

2. Lo studente è a scuola. _____.

3. Il ragazzo è in casa. _____.

4. Il maestro è in classe. _____.

5. L'amico è in giardino. _____.

II. A. The forms of the *indefinite article* (a, an) in Italian are *un, uno, una* (*un'*). *Un* is used with masculine nouns. However *uno* is used before masculine nouns beginning with a z or s followed by a consonant. *Una* (*un'*) is used with feminine forms. Rewrite the following sentences changing the underlined definite articles to the indefinite articles.

MODELLO: *Il* ragazzo è in classe. *Un ragazzo è in classe*.

1. *Il* libro è sulla tavola. _____.

2. *Il* cane è in giardino. _____.

3. *La* maestra è a scuola. _____.

4. *La* matita è sulla tavola. _____

5. *L'*amico è in classe. _____.

B. Fill in the blanks with the indefinite article. (*Ecco* means there is, there are, here is, here are.)

MODELLO: Ecco ___*un*___ ragazzo.

    1. Ecco _____ libro.

    2. Ecco _____ cane.

    3. Ecco _____ famiglia.

    4. Ecco _____ studente.

    5. Ecco _____ gatto.

    6. Ecco _____ maestra.

    7. Ecco _____ matita. *pencil*

    8. Ecco _____ ragazza.

    9. Ecco _____ bambino.

  10. Ecco _____ quaderno.

III. A.

Singular	Plural
ragaz*zo*	ragaz*zi*
ragaz*za*	ragaz*ze*
lezion*e*	lezion*i*

To form the plural of Italian nouns we change final *-o* to *-i*, *-a* to *-e* and *-e* to *-i*.

Change the article and the noun to their plural forms:

MODELLO: la lezione ___*le lezioni*___

    1. la penna _____

    2. il cane _____

    3. la maestra _____

    4. la carta _____

    5. il gatto _____

    6. la matita _____

    7. la famiglia _____

    8. la tavola _____

    9. l'amico _____

  10. lo studente _____

B. Rewrite the following sentences, changing the underlined words from masculine to feminine forms.

MODELLO: I ragazzi sono in casa.

Le ragazze sono in casa.

1. Gli studenti sono a scuola.

   _____

2. I bambini sono in giardino.

   _____

3. I professori sono in casa.

   _____

4. I maestri sono in classe.

   _____

5. I ragazzi sono in casa.

   _____

Lezione VI — COM'È?

GRAMMATICA: essere (used in description); noun-adjective agreement

VOCABOLARIO: bello (-a), carino (-a), piccolo (-a), buono (-a), grande, interessante, intelligente, anche

I. A.   Review the forms of *essere*:

io — sono
tu — sei
lui, lei, Lei (one name) — è
noi — siamo
voi — siete
loro, Loro (more than one name) — sono

MODELLO: Lei ____**è**____ una ragazza.

1. Io _____ un ragazzo.

2. Didimo _____ un bambino.

3. Tu _____ uno studente.

4. Anna e Lea _____ bambine.

5. Noi _____ amici.

6. Loro _____ maestri.

7. Voi _____ ragazzi.

8. Alberto e io _____ amici.

9. Lei _____ una maestra.

10. Maria _____ una studentessa.

B.   Look at the sketches next to each sentence. Complete the sentences with the correct form of *essere* and the words *un ragazzo, una ragazza, ragazzi* or *ragazze* according to the figure(s) in each sketch.*

MODELLI: Io _sono una ragazza_.
Loro _sono ragazzi_.

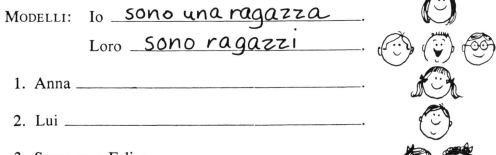

1. Anna _____.

2. Lui _____.

3. Susanna e Felice _____.

4. Voi _____.

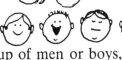

*NOTE: The masculine plural form of a noun may refer to a group of men or boys, or to a mixed group.

15

5. Loro _____.

6. Noi _____.

7. Tu _____.

8. Marco e Pietro _____.

9. Noi _____.

10. Io _____.

II. A. The verb *essere* is used to describe someone or something. In Italian, adjectives must agree with the nouns. Adjectives that end in -o change the -o to -a when describing a feminine singular noun.

Il libro è *piccolo*.   La penna è *piccola*.

Adjectives that end in -e remain the same whether describing a masculine or feminine singular noun.

Il libro è *grande*.   La penna è *grande*.

Complete the following sentences. Change the adjective, if necessary, to agree with the new subject. Study the model sentences.

MODELLO: Il giardino è bello.
La casa __è bella__.

La ragazza _____.   La bambina _____.

Il gatto _____.   La scuola _____.

Il libro _____.   La matita _____.

La casa _____.   L'amico _____.

La professoressa _____.   Il maestro _____.

B. Answer each question. If necessary, change the adjective to agree with the new subject. Study the model.

MODELLO: La casa è piccola, e il giardino?

Anche il giardino è piccolo.

1. La ragazza è bella, e il bambino?_____

2. Il gatto è piccolo, e il cane? _____

3. Il libro è interessante, e la lezione?_____

4. La maestra è buona, e lo studente?_____

5. Il giardino è grande e la casa? _____

C. Plural adjectives, like plural nouns, are formed by changing final -o to -i, -a to -e and -e to -i.

piccolo — piccoli
piccola — piccole
grande — grandi

Complete the following sentences. Change the adjectives *piccolo* and *grande* to agree with the new subjects in each exercise.

MODELLO: Le case sono piccole.

I giardini *sono piccoli*_____.

1. Le case sono piccole.

Le scuole _____

I cani _____

Le famiglie _____

Le ragazze _____

I giardini _____

2. I libri sono grandi.

Le famiglie _____

I quaderni _____

Le tavole _____

Le classi _____

I ragazzi _____

D. Following the model sentences below, change each sentence from the singular to the plural.

MODELLI: Il ragazzo è bello. *I ragazzi sono belli.*
La casa è grande. *Le case sono grandi.*

1. La ragazza è bella. _____

2. Il professore è intelligente. _____

3. La scuola è grande. _____

4. Il libro è interessante. _____

5. La matita è piccola. _____

Lezione VII — QUESTO O QUELLO

GRAMMATICA: Demonstrative adjectives

VOCABOLARIO: alto (-a), basso (-a), rosso (-a), grigio (-a), nero (-a), giallo (-a)

I. A. Demonstrative adjectives describe nouns. They point out and indicate where they are located. They agree in gender and number with the words they modify.

Singular

(m.)	(f.)
questo	questa — this (nearby)
*quello	quella — that (over there)

Plural

questi	queste — these (nearby)
quegli	quelle — those (over there)

In the blanks below write the appropriate form of the adjective given at the top of each section.

MODELLI: **Questa** tavola   **quegli** studenti

questo   *quello*

1. _____ casa   2. _____ quaderno

   _____ cane   _____ penna

   _____ professori   _____ scuola

   _____ classe   _____ matite

   _____ famiglia   _____ libri

   _____ amiche   _____ studente

*Quello takes forms similar to those of the definite article, *quel, quei, quello, quegli, quella, quelle, quell'* and follow the same usage as the definite article, e.g. *il* ragazzo, *quel* ragazzo, *la* ragazza *quella* ragazza, *lo* studente, *quello* studente, *quell'* amico, *quell'* amica.

B. Rewrite the following sentences. Make every word plural.

MODELLO: Questo cane è grande.

   Questi cani sono grandi_____.

1. Questo gatto è grigio.   _____.

2. Questa famiglia è grande. _____.

3. Questo libro è interessante. _____.

4. Questa casa è carina.   _____.

5. Quel cane è grande.   _____.

6. Quella scuola è buona.   _____.

18

C. Put the scrambled words in the proper order to make a sentence.

MODELLO: Questa/grande/è/casa.

Questa casa è grande

1. è/famiglia/questa/piccola _____

2. interessante/libro/è/quel _____.

3. grandi/case/queste/sono _____.

4. neri/cani/questi/sono _____.

5. questo/grigio/gatto/è _____.

Lezione VIII — DI CHI È?

GRAMMATICA: Possession with *di*, combination of *di* + definite article;
Possessive adjectives.

VOCABOLARIO: il vestito, la camicia, la camicetta, la giacca, il cappello, i pantaloni, la gonna, le scarpe, la sedia, il nonno, la nonna

I.   Use of *di* to show possession.

In Italian there is no apostrophe to show possession. *Mary's* book, for example, must be expressed as "the book of Mary."

Mary's book — il libro di Maria
John's mother — la mamma di Giovanni

NOTE: When *di* is followed by il, the two words are combined to *del*, when followed by *la* to *della*.

The boy's book — il libro del ragazzo
The teacher's pen — la penna della maestra

A.   Following the patterns given below, write a sentence for each pair of words.

MODELLI: il libro — Paolo   La casa — Aldo
È il libro di Paola.   *È la casa di Aldo.*

la mamma — ragazzo
È la mamma del ragazzo.

1. la casa   Pietro   _____.

2. la giacca   il ragazzo   _____.

3. la penna   il professore _____.

4. la famiglia   Gina   _____.

5. il cane   Elena   _____.

6. la matita   Paolo   _____.

7. l'amico   Giorgio   _____.

8. il maestro   il ragazzo   _____.

9. il vestito   la ragazza   _____.

10. la sedia   la bambina   _____.

B.   Answer the following questions with a sentence stating that the underlined item belongs to the person whose name is in parenthesis.

MODELLO: Di chi è questa <u>gonna</u>? (Maria)
Questa gonna è di Maria

1. Di chi è questa <u>camicetta</u>? (Ida) _____.

2. Di chi è questa <u>giacca</u>? (Filippo) _____.

3. Di chi è questo <u>vestito</u>? (Pamela) _____.

4. Di chi è questa <u>camicia</u>? (Guido) _____.

5. Di chi sono queste <u>scarpe</u>? (Berto) _____.

6. Di chi sono questi <u>pantaloni</u>? (Aldo) _____.

7. Di chi sono questi <u>vestiti</u>? (Livia) _____.

8. Di chi sono queste <u>gonne</u>? (Mina) _____.

II. In addition to the use of di, possession may be shown by the use of the following possessive forms.*

io	*tu*	*Lei*	*lui, lei*
il mio maestro	il tuo maestro	il Suo maestro	il suo maestro
i miei maestri	i tuoi maestri	i Suoi maestri	i suoi maestri
la mia maestra	la tua maestra	la Sua maestra	la sua maestra
le mie maestre	le tue maestre	le Sue maestre	le sue maestre

noi	*voi*	*Loro*	*loro*
il nostro maestro	il vostro maestro	il Loro maestro	il loro maestro
i nostri maestri	i vostri maestri	i Loro maestri	i loro maestri
la nostra maestra	la vostra maestra	la Loro maestra	la loro maestra
le nostre maestre	le vostre maestre	le Loro maestre	le loro maestre

A. Write in the blanks the correct possessive form.

MODELLO: *tu*

il tuo libro

la tua camicia

1. *io*

_____ famiglia

_____ libro

_____ carte

_____ penne

2. *tu*

_____ casa

_____ giardino

_____ sedie

_____ cani

*NOTE: Italian possessive forms such as these agree with what is possessed rather than with the possessor.

21

3. *lui, lei*

_____ scarpe

_____ libri

_____ maestro

_____ gatto

4. *noi*

_____ professore

_____ classe

_____ libro

_____ maestra

B. Fill in the blanks with the singular forms of the underlined words.

MODELLO: I miei amici sono in Italia.

Il mio amico è in Italia.

1. I miei professori sono a scuola.

_____ è a scuola.

2. I tuoi cani sono in giardino.

_____ è in giardino.

3. I suoi libri sono sulla tavola.

_____ è sulla tavola.

4. I nostri amici sono in Italia.

_____ è in Italia.

5. Le vostre famiglie sono in America.

_____ è in America.

III. A. Now you know two ways to express possession. Rewrite each of the following sentences using the correct possessive form in place of the *di* expression.

MODELLI: È il libro di Carlo.   *È il suo libro* .

È il libro di Maria e di Iva. *È il loro libro* .

1. È la giacca di Roberto.   _____ .

2. È la sedia di Carla.   _____ .

3. È la camicia di Mauro.   _____ .

4. È il vestito della Sig. na Monti. _____ .

5. È il cappello di Luigi.   _____ .

B. Rewrite the sentences below, using the new models as a guide.

MODELLI: Sono le case del Sig. Nuti. *Sono le sue case* .

Sono le case del Sig. Pardi e della Sig. na Marconi.

Sono le loro case .

Sono le case di Luigi.   *Sono le sue case* .

22

1. Sono i libri di Vera. _____

2. Sono le penne di Luca e Gino. _____.

3. Sono le scarpe di Didimo. _____.

4. Sono le sedie di Rosina. _____.

5. Sono le tavole del Sig. Berti. _____.

C. Answer the following questions. Use the model sentences as a guide.

MODELLI: È il tuo libro? (Marco)   *No, è di Marco*   .

Sono le tue case? (Maria) *No, sono di Maria* .

1. È il mio libro?   (Mario)   _____.

2. È la sua famiglia?   (Zenobia)   _____.

3. È la nostra sedia?   (Alfio)   _____.

4. Sono i tuoi quaderni? (Sig. ra Neri) _____.

5. Sono i suoi libri?   (Beatrice)   _____.

Lezione IX — DI DOVE SEI?

GRAMMATICA: *Essere* (to indicate origin)

VOCABOLARIO: Adjectives of nationality.

I. In addition to describing or identifying something, the verb *essere* is used to indicate the origin of someone or of something.

Sono di Chicago — I am from Chicago.
Lui è di Nuova York — He is from New York.

A. Fill in the blanks with the proper form of *essere* chosen from the list below.

(io) sono	(noi) siamo
(tu) sei	(voi) siete
(lui, lei, Lei) è	(loro, Loro) sono

MODELLO: Io _Sono_ di Miami.

1. Teresa e Elena _____ di Chicago.

2. Tu _____ di Santa Monica.

3. Livia e io _____ di Toronto.

4. Voi _____ della Florida.

5. Noi _____ del Texas.

B. Answer the following questions about your family and friends. Name the country, state or city they are from.

MODELLO: Di dov'è tuo papà? _È di Chicago_.

1. Di dove sei tu? _____.

2. Di dov'è la tua mamma? _____.

3. Di dov'è il tuo papà? _____.

4. Di dov'è il tuo amico? _____.

5. Di dove sono i tuoi nonni? _____.

II. Some adjectives of nationality have four forms. For example:

Country	Singular	Plural
Italia	italiano (-a)	italiani (-e)
Spagna	spagnolo (-a)	spagnoli (-e)
Messico	messicano (-a)	messicani (-e)
Argentina	argentino (-a)	argentini (-e)
America (Gli Stati Uniti)	nordamericano (-a)	nordamericani (-e)
Russia	russo (-a)	russi (-e)
Svizzera	svizzero (-a)	svizzeri (-e)

Other adjectives have only two forms. For example:

Country	Singular	Plural
Francia	francese	francesi
Inghilterra	inglese	inglesi
Irlanda	irlandese	irlandesi
Canada	canadese	canadesi
Giappone	giapponese	giapponesi
Cina	cinese	cinesi

A. Fill in the blank with the correct form of the adjective of nationality shown in parentheses.

MODELLO: (italiano) Alfio e Carlo sono _italiani_.

(Alfio and Carlo are Italian.)

1. (cinese)   Elena è   _____.

2. (irlandese)   I ragazzi sono   _____.

3. (nordamericano) Dino è   _____.

4. (spagnolo)   Enzo e Alfredo sono _____.

5. (messicano)   Alberto e io siamo _____.

6. (italiano)   I miei nonni sono _____.

7. (inglese)   Gli amici di Sandro sono _____.

8. (svizzero)   La Sig. na Lodoli è _____.

9. (russo)   Selma e Flavia sono _____.

10. (argentino)   La maestra di spagnolo è _____.

B. Refer to the verb list in Part I. Write a form of *essere* in each blank. Then rewrite the sentence using the appropriate adjectives of nationality.

MODELLI: Io _sono_ degli Stati Uniti.

Io sono nordamericano.

Maria _è_ di Spagna.   _Maria è spagnola_

1. Giovanni _____ di Francia.   _____.

2. La bambina _____ della Cina. _____.

3. Loro _____ della Svizzera.   _____.

4. Tu _____ dell'Italia.   _____.

5. Marina e io _____ di Messico. _____.

Lezione X — CHE GIORNO, CHE ORA, CHE NUMERO?

GRAMMATICA: The use of *essere* with days of the week, dates, time.

VOCABOLARIO: onomastico, compleanno, Pasqua, Natale, the days of the week, the months of the year, numbers 1–30.

I.   A.   *Essere* is used when speaking of days or dates. Refer to the "calendar" below and complete each of the following sentences according to the model.

lunedì	martedì	mercoledì	giovedì	venerdì	sabato	domenica
1	2	3	4	5	6	7
8	9...					

MODELLO: Oggi è sabato. Domani _è domenica_.

1. Oggi è lunedì.   Domani _____.

2. Oggi è giovedì.   Domani _____.

3. Oggi è mercoledì.   Domani _____.

4. Oggi è domenica.   Domani _____.

5. Oggi è martedì.   Domani _____.

B.   In the blanks below, write out the date that follows the date given.

MODELLO: Oggi è il 3 maggio. _Domani è il 4 maggio_.

1. Oggi è il 14 dicembre.   _____.

2. Oggi è il 18 marzo.   _____.

3. Oggi è il 6 aprile.   _____.

4. Oggi è il 2 febbraio.   _____.

5. Oggi è il 5 giugno.   _____.

C.   Study the models, then answer the questions with the days or dates given in parentheses.

MODELLI: (lunedì) Che giorno è? _È lunedì_.

(What day is it? It's Monday.)

(15) Quanti ne abbiamo? _Ne abbiamo 15_.

(What is the date? It's the 15th.)

(4 settembre)   Quando è la festa? _È il 4 settembre_.

(When is the party? It's the 4th of September.)

1. (10)   Quanti ne abbiamo? _____.

2. (mercoledì)   Che giorno è? _____.

3. (5 ottobre)   Quando è la festa? _____.

27

4. (5)   Quanti ne abbiamo? _____.

5. (23 gennaio)   Quando è il tuo onomastico? _____.

6. (3)   Quanti ne abbiamo? _____.

7. (sabato)   Che giorno è? _____.

8. (20 settembre) Quando è il tuo compleanno? _____.

9. (lunedì)   Che giorno è? _____.

10. (25 dicembre) Quando è Natale? _____.

II. A. Numbers. Write out the ten problems that follow the models. Refer to the numbers listed below.

1 uno	11 undici	21 ventuno	Arithmetic
2 due	12 dodici	22 ventidue	Signs
3 tre	13 tredici	23 ventitrè	plus — più
4 quattro	14 quattordici	24 ventiquattro	minus — meno
5 cinque	15 quindici	25 venticinque	by — per
6 sei	16 sedici	26 ventisei	divided by — diviso
7 sette	17 diciassette	27 ventisette	
8 otto	18 diciotto	28 ventotto	
9 nove	19 diciannove	29 ventinove	
10 dieci	20 venti	30 trenta	

MODELLI: 8 + 2 = 10 _otto più due fa dieci_.

8 − 2 = 6 _otto meno due fa sei_.

8 × 2 = 16 _otto per due fa sedici_.

8 ÷ 2 = 4 _otto diviso due fa quattro_

1. 2 + 3 = 5 _____.

2. 3 × 4 = 12 _____.

3. 18 − 9 = 9 _____.

4. 9 + 9 = 18 _____.

5. 18 ÷ 6 = 3 _____.

6. 16 ÷ 4 = 4 _____.

7. 7 × 2 = 14 _____.

8. 12 − 6 = 6 _____.

9. 10 + 5 = 15 _____.

10. 20 − 10 = 10 _____.

B. Telling time in Italian.

È l' una — It's one o'clock.

Sono le due — It's two o'clock.

Sono le tre — It's three o'clock.

Time after *the hour*:

> Sono le tre e cinque. — It's 3:05.
> Sono le quattro e venti. — It's 4:20.

Time before *the hour*:

> Sono le tre meno dieci. — It's ten minutes to three.
> Sono le nove meno ventitrè. — It's twenty-three minutes to nine.

Quarter hour:

> Sono le sei e un quarto. — It's 6:15.
> Sono le sei meno un quarto. — It's fifteen minutes to six.

Half hour:

Sono le cinque e mezza (or mezzo). — It's 5:30.

Follow the patterns given above for telling time, and write the time shown in each clock face.

MODELLO: 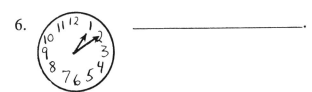 Sono le nove meno un quarto.

1. _____. 6. _____.

2. _____. 7. _____.

3. _____. 8. _____.

4. _____. 9. _____.

5. _____. 10. _____.

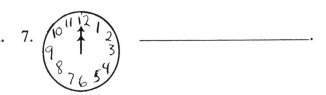
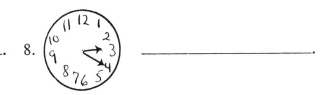

Lezione XI — VERBI, VERBI, VERBI!

GRAMMATICA: Present tense of regular *-are* verbs; use of the negative.

VOCABOLARIO: nuovo, tutti i giorni, molto, parlare, studiare, lavorare, portare, comprare, desiderare.

I. A verb that ends in *-are*, *-ere* or *-ire* is called an infinitive. (Infinitives in English are expressed by *to*: to speak, to study, etc.) A great number of Italian verbs end in *-are* and they follow a certain pattern.

To form the present tense of any regular -are verb, drop the -are and add the present tense endings. The endings tell *who* is speaking.

Person	Ending	Infinitive:	parlare, to speak
io	-o	parlo	— I speak, am speaking, do speak
tu	-i	parli	— you speak, are speaking, do speak
Lui, lei, Lei	-a	parla	— he, she speaks, You speak, are speaking, do speak
noi	-iamo	parliamo	— we speak, are speaking, do speak
voi	-ate	parlate	— you (plural) speak, are speaking, do speak
loro, Loro	-ano	parlano	— they, You (polite plural) speak, are speaking, do speak

A. Once you know the pattern you can easily use any regular *-are* verb.
Some common -are verbs are:

portare	— to carry or wear
comprare	— to buy
studiare	— to study
parlare	— to speak
lavorare	— to work
desiderare	— to desire

MODELLO: parlare (to speak)

io _parlo_

tu _parli_

Vittorio _parla_

Caterina e io _parliamo_

tu e Renzo _parlate_

I ragazzi _parlano_

1. *studiare* — to study

Io _____

Tu _____

Carlo _____

Maria e io _____

Tu e Carola _____

Loro _____

2. *lavorare* — to work

Ita _____

Elena e Maria _____

Io _____

Voi _____

Le ragazze _____

Noi _____

3. *desiderare* — to desire, to want

Noi _____

Tu _____

Io _____

Barbara _____

Livia e Emilio _____

Tu e Aldo _____

4. *comprare* — to buy

Il Sig. Venturi _____

Io _____

Irene e Iride _____

Tu _____

Ezio e io _____

Tu e Giacomo _____

5. *portare* — to wear, to carry

Tu _____

Carolina e io _____

Tu e Franca _____

La ragazza _____

Io _____

I ragazzi _____

B. Complete the following sentences with the correct form of the verb in parentheses.

Modello: (parlare) Alicia __*parla*__ italiano.

1. (lavorare)   Tu _____ molto oggi.

2. (studiare)   Io _____ l'italiano.

31

3. (desiderare)   Il papà _____ un cappello nero.

4. (comprare)   Le ragazze _____ due gonne.

5. (lavorare)   Tacita e io _____ a scuola.

6. (portare)   Cesare e Andrea _____ pantaloni neri.

7. (studiare)   Didimo _____ il francese.

8. (comprare)   Tu _____ un vestito.

9. (portare)   Io _____ una giacca nuova.

10. (desiderare)   Noi _____ un cane grigio.

C. Select the correct subject from the list and write it in the blank.

The pronouns in parentheses should give you a helpful hint.

> Io   Alfredo e io (noi)
> tu   Tu e Lisa (voi)
> Gianna (lei)   I ragazzi (loro)

MODELLO: _I ragazzi_ portano i pantaloni nuovi.

1. _____ compriamo penne e matite.

2. _____ studiate l' italiano.

3. _____ lavoro con la mia mamma.

4. _____ desidera un vestito rosso.

5. _____ parlano con le ragazze.

6. _____ porta una gonna nuova.

7. _____ parliamo italiano in classe.

8. _____ studiano tutti i giorni.

9. _____ desidero un cappello grande.

10. _____ lavori in casa.

D. Answer the questions. Change the form of the verb to agree with each new subject.

MODELLO: Studio molto l' italiano. E Rita?

Anche Rita studia molto .

1. Mamma lavora in casa. E i ragazzi?

_____.

2. Desidero un vestito giallo. E Mina?

_____.

3. Compri molti libri a Chicago. E le ragazze?

_____.

4. Portiamo molti libri a scuola. E la maestra?

_____.

5. I professori parlano inglese. E gli studenti?

_____.

E. Rewrite the following words in order to form a logical sentence. Change the verb from the infinitive to the form that agrees with the subject. Remember the period and capital letters.

MODELLO: un/desiderare/io/nero/cane

Io desidero un cane nero.

1. studiare/mio/il/amico/oggi _____

2. Elena/in/lavorare/Maria/e/California. _____

3. Didimo/io/penne/molte/e/comprare _____

4. portare/pantaloni/rossi/tu/i _____

5. io/parlare/italiano/inglese/e _____

II. To say *not* in Italian simply put the word *non* before the verb.

Contractions and helping words are not used.

     For example: he is: è.   he isn't (is not): non è.

he speaks: parla.   he doesn't (does not) speak: non parla

A. Match the negative expressions on the left with the phrases on the right. Write your completed sentences on the lines below. The phrases may be used more than once.

1. Non studio   A. un cappello in casa.
2. Mario e io non compriamo   B. in classe oggi.
3. Anna non lavora   C. molto a scuola.
4. I professori non parlano   D. i libri.
5. Nando non porta   E. inglese in classe.
6. Non desideri   F. un cane grande.

MODELLO: *Anna non lavora in classe oggi.*

1. _____

2. _____

3. _____

4. _____

5. _____

6. _____

B. Change the following sentences from affirmative (yes) to negative (no) statements by placing *non* before the verb.

MODELLO: Porto una camicetta gialla.

Non porto una camicetta gialla.

1. Studio l' italiano tutti i giorni.

_____

2. Alberto e Antonio lavorano a scuola.

_____

3. La Sig. na Tini desidera un vestito nuovo.

_____

4. Compri i libri in Italia.

_____

5. Milva e io parliamo inglese in casa.

_____

C. When answering a question in the negative, *no* may be used at the beginning of the sentence. *Non* is used before the verb.

| Studi molto? | No, non studio molto.
Non studio molto. |
| Studia molto il tuo amico? | No, il mio amico non studia molto.
Il mio amico non studia molto. |

MODELLO: Studia molto Lei?   _No, non studio molto._

Studiate molto?   _No, non studiamo molto._

Studia molto Marianna? _No, Marianna non studia molto._

1. Porti una giacca tutti i giorni?

_____

2. Lavora Lei in Nuova York?

_____

3. Comprano una casa nuova i nonni?

_____

4. Desidera Lei un cappello grande?

_____

5. Parlate inglese?

_____

6. Desiderate le scarpe nuove?

_____

7. Parla Lei italiano?

_____

8. Porti il tuo libro oggi?

_____

9. Lavorate molto in classe?

_____

10. Compra Lei un vestito nuovo oggi?

_____

Lezione XII — ANCORA VERBI

GRAMMATICA: Regular *-ere*, *-ire* verbs; word order in questions

VOCABOLARIO: leggere, vivere, scrivere, partire, aprire, dormire, la porta, la lettera

I. You have learned that the infinitives of many Italian verbs end in *-are*. Many other Italian verbs end in *-ere* or *-ire*. To form the present tense of a regular *-ere* or *-ire* verb, drop the *-ere* or *-ire* and add the endings given below.

	Endings	
Person	*-ere*	*-ire*
io	-o	-o
tu	-i	-i
lui, lei, Lei	-e	-e
noi	-iamo	-iamo
voi	*-ete*	*-ite*
loro, Loro	-ono	-ono

Note that except for the *voi* form, the endings for both *-ere* and *-ire* verbs are the same.

Examples: *leggere* (to read)   *aprire* (to open)

leggere	aprire
leggo	apro
leggi	apri
legge	apre
leggiamo	apriamo
legg*ete*	apr*ite*
leggono	aprono

Other common *-ere* and *-ire* verbs are:

vivere — to live	dormire — to sleep
scrivere — to write	partire — to leave, depart

A. Write in the blanks the required verb given at the top of each list.

MODELLO: *dormire* — to sleep

io ___*dormo*___

tu ___*dormi*___

Pia ___*dorme*___

Giulio e io ___*dormiamo*___

tu e Rina ___*dormite*___

Loro ___*dormono*___

1. *partire* — to leave, depart

tu _____

io _____

Alberto _____

I ragazzi _____

voi _____

Carlotta e io _____

2. *scrivere* — to write

le ragazze _____

Alfredo e io _____

Iride _____

io _____

tu e Franca _____

tu _____

3. *vivere* — to live

tu _____

il mio amico e io _____

io _____

le ragazze _____

voi _____

Lidua _____

4. *leggere* — to read

io _____

Tina e Nina _____

la maestra e io _____

tu _____

Stefano _____

tu e Margherita _____

5. *aprire* — to open

Didimo e Stefano _____

Angela _____

io _____

Carlotta e io _____

voi _____

tu _____

B. Match each subject in List A with a correct phrase from List B. Copy the entire sentence on the lines below. There may be more than one correct phrase for some of the subjects.

List A	*List B*
1. Anita e io	A. scrive la lezione.
2. Elena e Margherita	B. dorme molto.
3. I ragazzi	C. leggiamo molti libri.
4. Antonio	D. viviamo in Chicago.
5. Maria	E. scrivono una lettera
6. Didimo, Beppe e io	F. aprono la porta di casa.

MODELLO: *Anita e io leggiamo molti libri.*

1. _____

2. _____

3. _____

4. _____

5. _____

6. _____

C. In the blanks below write any subject pronoun or name that correctly completes the verb.

MODELLI: _Maria_ scrive una lettera.

   Antonio vive in Chicago.

1. _____ leggi un libro grande.

2. _____ parto per l'Italia.

3. _____ non dorme in classe.

4. _____ leggiamo una lettera

5. _____ scrivono la lezione d'italiano.

6. _____ apriamo la porta.

7. _____ parte oggi.

8. _____ vivo in Texas.

9. _____ apri il libro d'italiano.

10. _____ scrive una lettera.

D. Rewrite the following sentences. Change the verb forms to agree with each new subject. You may omit the subject pronouns *io* and *tu*.

MODELLI: (io) Vivo in Italia e parlo italiano.

   (tu) Vivi in Italia e parli italiano.

   (Norma) Norma vive in Italia e parla italiano.

1. Vivo in Italia e studio l'italiano.

   (Silvio e io) _____

   (Le ragazze) _____

   (Tu) _____

   (Zenobia) _____

   (io) _____

2. Alfredo apre il libro e legge la lezione.

   (Io) _____

   (Remo) _____

   (Alberto e Livio) _____

   (Tu) _____

   (Lidua e io) _____

II. A. Answer the following questions both in the affirmative and in the negative.

MODELLI: Leggi la lezione in classe?

Si, leggo la lezione in classe.
No, non leggo la lezione in classe.

Dormite in classe?

Si, dormiamo in classe.
No, non dormiamo in classe.

Vive in Italia, il tuo papà?

Si, il mio papà vive in Italia.
No, il mio papà non vive in Italia.

1. Vivi in una casa grande?

_____

_____

2. Leggete molti libri a scuola?

_____

_____

3. Parti per l'Italia domani?

_____

_____

4. Studiano molto gli studenti?

_____

_____

5. Vive in Chicago Graziella?

_____

_____

B. Forming Questions

A declarative statement may be made interrogative by the inflection of the voice and the use of a question mark.

For example: Maria parla italiano.   Mary speaks Italian.

Maria parla italiano?   Does Mary speak Italian?

The subject may follow the verb or be placed at the end of the sentence.

Parla Maria l'italiano?   Does Mary speak Italian?

Parla italiano Maria?   Does Mary speak Italian?

Note that *does* is already part of the Italian verb.

Change the following statements to questions. Follow the pattern given in the model.

MODELLO: Enzo studia l'inglese.   *Studia l'inglese Enzo?*

1. Elena studia il francese.   _____

2. Lei dorme molto.   _____

3. Loro leggono molti libri.   _____

4. Renato e Ezio scrivono una lettera.   _____

5. Vivi in una casa bella.   _____

6. Silvio apre la porta.   _____

7. Lei parte per Roma domani.   _____

8. Voi comprate molti libri.   _____

9. Marta e Sara vivono in Miami.   _____

10. Scrivi la lezione.   _____

C. Rewrite the following words in order to form a question. Remember the question marks and the capital letters.

MODELLO: apre/porta/Lei/la   *Apre Lei la porta?*

1. studia/inglese/Lei/l'   _____

2. vestito/Vera/desidera/nuovo/un   _____

3. lezioni/voi/le/leggete   _____

4. ragazzi/Italia/in/i/vivono   _____

5. oggi/molto/Luigi/lavora   _____

D. Cruciverba: work the crossword puzzle as you would in English.

Orizzontali

1. Paolo e io _____ la lezione. (*studiare*)

3. Tu _____ molto. (*scrivere*)

7. Voi _____. (*dormire*)

8. Marco _____ la porta. (*aprire*)

10. Tu e Pia _____ oggi. (*lavorare*)

12. Definite article, masculine

13. Io _____ bene. (*stare*)

14. First person singular, pronoun

16. I nonni _____ per l'Italia. (*partire*)

17. Lei _____. (*limitare*)

19. Loro _____ molti libri. (*leggere*)

Verticali

2. La Signora Ponti _____ un vestito nuovo. (*desiderare*)

4. Io _____. (*andare*, poetic)

5. _____. (*andare*, poetic)

6. Angelina _____ la lettera. (*leggere*)

9. I ragazzi studiano _____. (*much*)

11. Io _____ Roma. (*visitare*)

15. Io _____ bene. (*dormire*)

17. Another definite article, masculine

18. Preposition (into)

Lezione XIII — DOVE VAI?

GRAMMATICA: *andare, anda*re plus infinitive; *a* plus the definite article

VOCABOLARIO: la chiesa, la piazza, il ristorante, il panino, il mercato, il paese, la città, la montagna, la spiaggia, mangiare, andare, però

I.   *Andare* (to go) is an *irregular* verb. The forms of irregular verbs must be learned separately. The forms of *andare* in the present tense are listed below.

io	vado	— I go, I am going, I do go
tu	vai	— you go, you are going, you do go
lui, lei, Lei	va	— he, she goes; You go, are going, do go
noi	andiamo	— we go, are going, do go
voi	andate	— you go, are going, do go
loro, Loro	vanno	— they, You go, are going, do go

A.   Fill in the blanks below with the correct form of *andare*.

MODELLO: Io __*vado*__ in California.

1. Diana _____ in Francia.

2. Tu _____ in montagna.

3. Io _____ alla spiaggia.

4. Mina _____ alla città di Los Angeles.

5. Rosa e Beatrice _____ in piazza.

6. Lidua e io _____ a Nuova York.

7. Io _____ in Italia.

8. Norma e io _____ in chiesa.

9. Tu _____ a Roma.

10. Enrico e Cesare _____ a scuola.

B.   Using the places listed below and the correct forms of *andare*, make up two sentences for each subject given.

NOTE: When *a* is used with the definite article, the following forms result: *al, ai, allo, agli, alla, alle, all'*

alla spiaggia	al paese grande	in Italia
alla chiesa nuova	al mercato	in Francia
alla città grande	a Roma	in Spagna
alla piazza piccola	a Chicago	in California
al ristorante buono	a Milano	in Arizona

MODELLI: Tu __*vai al Mercato.*__

Tu __*vai a Milano.*__

1. Io _____

Io _____

2. Arturo _____

   Arturo _____

3. Lucia _____

   Lucia _____

4. Giacomo e Renzo _____

   Giacomo e Renzo _____

5. Tu _____

   Tu _____

C. Rewrite the following words in order to form a sentence. Change *andare* from the infinitive to the form that agrees with the subject. Remember the period and capital letters.

MODELLO: in/andare/io/California _Io vado in California._

1. Paolo/andare/e/Spagna/in/io   _____

2. Tu/in/andare/Francia   _____

3. scuola/Virginia/andare/a   _____

4. andare/montagna/io/in   _____

5. Mauro/città/in/andare   _____

D. Using the correct form of *andare*, write a question that asks where each indicated subject is going.

MODELLI: (tu) _Dove vai?_

(Luigi) _Dove va Luigi?_

1. (Lei) _____

2. (Olga) _____

3. (Franca e io) _____

4. (Tu) _____

5. (Piero e Nando) _____

E. Answer each of the following questions. The sketch to the right of each question will help you to select your answer.

spiaggia   **montagna**   **piazza**   **chiesa**   **scuola**

MODELLI: Dove vai? *Vado alla spiaggia.*

Dove va Marco? *Marco va a scuola.*

Dove andate? *Andiamo in piazza.*

1. Dove vai? _____

2. Dove va Paolo? _____

3. Dove vanno i ragazzi? _____

4. Dove andate? _____

5. Dove vanno Mario e Leonardo? _____

6. Dove va Lei? _____

7. Dove vanno Virginia e Rosa? _____

8. Dove va Carola? _____

9. Dove andate? _____

10. Dove vai? _____

II. A. To say that someone is going to do something, use *andare a* plus the infinitive form of the verb that names what the subject is going to do.

Vado a studiare.	I am going to study.
Marco va a studiare.	Marco is going to study.
Andiamo a studiare.	We're going to study.

Combine one of the verb forms on the left with any infinitive phrase on the right to make sentences. Write two different sentences for each subject.

Vado a	parlare italiano
Vai a	studiare l'inglese
Beatrice va a	lavorare molto
Andiamo a	mangiare i panini
I ragazzi vanno a	vivere in Italia

MODELLI: *Vado a mangiare i panini.*

Vado a studiare l'inglese.

1. _____

_____

2. _____

_____

3. _____

_____

44

4. _____

_____

5. _____

_____

6. _____

_____

7. _____

_____

8. _____

_____

9. _____

_____

10. _____

_____

B. Complete the following sentences with *andare a* plus the infinitive construction. Follow the models.

Modelli: Dario non studia però __*va a studiare.*__

Non lavoro però __*vado a lavorare.*__

1. Lei non parla italiano però _____

2. Io non studio però _____

3. Emma e io non lavoriamo molto però _____

4. Tu non parli molto però _____

5. Voi non scrivete molto però _____

6. Stefano non porta la giacca però _____

7. Dora e Ada non leggono i loro libri però _____

8. Non vivo in Chicago però _____

9. Tu non scrivi la lezione però _____

10. Margherita e io non parliamo francese però _____

Lezione XIV — COSA HAI?

GRAMMATICA: *avere*

VOCABOLARIO: *avere* idioms with: anni, sete, fame, caldo, freddo, fretta, sonno, ragione, torto, paura

Interrogatives: cosa? che? che cosa? Quanto?, Quanti?, Quanta?, Quante?

il fratello, la sorella

I. *Avere* (to have) is another irregular verb. The forms of *avere* in the present tense are:

io	ho
tu	hai
lui, lei, Lei	ha
noi	abbiamo
voi	avete
loro, Loro	hanno

A. Fill in the blanks below with the correct form of *avere*.

MODELLO: Il ragazzo __*ha*__ un libro.

1. Paolo _____ una penna rossa.

2. Io _____ una famiglia grande.

3. Il mio amico e io _____ un cane nero.

4. I ragazzi _____ i pantaloni grigi.

5. Berto e io _____ molti amici.

6. Tu _____ un quaderno giallo.

7. Cristina _____ il libro d'inglese.

8. Tu _____ il cappello di Antonio.

9. Io _____ un gatto grigio.

10. Elvira e Lidua _____ una buona maestra.

B. *Che, cosa, che cosa* all mean *what* and are used with *avere* to ask what someone has. Choose the correct form of *avere* for each subject given. Then write a question asking what each subject has.

MODELLO: (tu) __*Che hai?*__
(Enzo) __*Che ha Enzo?*__

1. (Lei) _____

2. (il Sig. Caselli) _____

3. (tu) _____

4. (voi) _____

5. (le ragazze) _____

C. Answer each of the following questions. Begin your sentence with the correct form of *avere* and refer to the sketches below to write your answer.

una penna rossa   un cane nero   un gatto grigio

un cappello grande   un libro interessante

MODELLI: Che hai? _Ho un cane nero._

Cosa avete? _Abbiamo un cappello grande._

Che cosa ha la maestra? _La maestra ha una penna rossa_

1. Che hai?

_____

2. Cosa ha la ragazza?

_____

3. Che cosa avete?

_____

4. Cosa hanno Alcide e Carlo?

_____

5. Che ha Lei?

_____

6. Cosa ha l'amica di Dora?

_____

7. Che cosa avete?

_____

8. Cosa ha Fernando?

_____

9. Che hanno i ragazzi?

_____

10. Che cosa ha Lei?

_____

II. A. To express age in Italian, *avere* is used in the following manner. (*Anni* means years.)

Ho 12 anni. — I am twelve years old.
I am twelve.

La Sig. ra Meucci ha 30 anni. — Mrs. Meucci is 30 years old.
Mrs. Meucci is 30.

I miei amici hanno 13 e 14 anni. — My friends are 13 and 14 years old.
My friends are 13 and 14.

Follow the pattern in the model sentences, and answer each question. **Change the form of the verb *avere* to agree with each new subject, if necessary.**

MODELLO: Ho 14 anni. E loro?

Anche loro hanno 14 anni.

1. Ho 14 anni. E Maria?

_____

2. Hai 12 anni. E i ragazzi?

_____

3. Lucia ha 18 anni. E Marianna?

_____

4. Hai 15 anni. E il tuo amico?

_____

5. Il Sig. Barsi ha 23 anni. E il Sig. Valenti?

_____

B. To ask someone's age, use the phrase *Quanti anni* followed by the appropriate form of *avere* and the subject.

Quanti anni ha Lei? — How old are you?
Quanti anni hai? — How old are you?
Quanti anni ha il tuo papà? — How old is your dad?

Follow the pattern in the models, and write questions asking the **age of each of the subjects listed below.**

MODELLI: (tu) _Quanti anni hai?_
(Paolo) _Quanti anni ha Paolo?_

1. (tu) _____

2. (Lei) _____

3. (voi) _____

4. (Francesco) _____

5. (Irene e Sara) _____

6. (la tua mamma) _____

7. (la tua mamma e il tuo papà) _____

8. (Mario) _____

9. (Alicia e Olga) _____

10. (gli studenti) _____

C. Answer the following questions with the real ages of the people named.

MODELLI: Quanti anni hai? *Ho 13 anni.*

Quanti anni ha il tuo amico? *Il mio amico ha 14 anni.*

1. Quanti anni hai? _____

2. Quanti anni ha il tuo papà? _____

3. Quanti anni ha la tua mamma? _____

4. Quanti anni ha tuo fratello? _____

5. Quanti anni ha la tua amica? _____

III. *Avere* is used in many expressions called idioms. Some idioms are:

> Aver freddo — to be cold
> Aver caldo — to be warm
> Aver paura — to be afraid
> Aver sete — to be thirsty
> Aver fame — to be hungry
> Aver fretta — to be in a hurry
> Aver ragione — to be right (correct)
> Aver sonno — to be sleepy
> Aver torto — to be wrong

A. Complete each sentence. Use the form of *avere* necessary for each subject, and add the word suggested by the sketch.

freddo   caldo   paura   sete   fame   fretta   ragione   sonno   torto

MODELLO: Andrea *ha sete.*

1. Io _____

2. Graziella e io _____

3. Vittorio _____

49

4. I ragazzi _____

5. Tu _____

6. Il mio amico _____

7. Piero, Mauro e io _____

8. Lei _____

9. Io _____

10. Gli studenti _____

B. To express *very* (to a greater degree) with *avere* idioms, add *molto* or *molta* to the expression.

> Ho molto freddo. — I am very cold.
> Ho molta fame. — I am very hungry.

Molta must be used with *sete, paura, fretta, ragione, fame; molto* with the other words given.

Rewrite each of the following sentences, using the model as a guide.

MODELLI: Ho fame. _____*Ho molta fame.*_____
          Ho freddo. _____*Ho molto freddo.*_____

1. Ho sete. _____

2. Livio ha freddo. _____

3. Hai caldo? _____

4. Abbiamo fame. _____

5. Ha fretta Lei? _____

6. Anna ha paura. _____

7. Voi avete ragione. _____

8. Abbiamo sonno. _____

9. Avete caldo? _____

10. I ragazzi hanno sete. _____

C. Using the pairs of words in parentheses and the correct form of *avere*, write questions like those given in the models.

MODELLI: (tu-sonno) *Hai sonno?*

(Michele-fame) *Ha fame Michele?*

1. (tu-ragione) _____

2. (Lei-paura) _____

3. (Voi-caldo) _____

4. (Sig. Alfani-freddo) _____

5. (Enrico e Mario-sete) _____

D. How do you feel right now? Answer the following questions with either *Sì* or *No*, whichever is correct for you right now.

MODELLI: Hai fame? *Sì, ho fame.*

or

No, non ho fame.

1. Hai fame? _____

2. Hai sete? _____

3. Hai freddo? _____

4. Hai caldo? _____

5. Hai sonno? _____

Lezione XV — CHE FAI?

GRAMMATICA: *Fare* and *fare* idioms

VOCABOLARIO: fare; fa bel tempo, cattivo tempo, freddo, caldo, fresco, c'è un bel sole, **tira vento**, la colazione, la cena, l'esame, la storia, la spesa, quando

I.   *Fare* (to do or to make) is an irregular verb. The forms of *fare* in the present tense are:

io — faccio
tu — fai
lui, lei, Lei — fa
noi — facciamo
voi — fate
loro, Loro — fanno

A.   Write questions that ask what the person named in parentheses is doing. Write *che* (or *cosa*, or *che cosa*) and add the correct form of *fare* and the subject (or subject pronoun).

MODELLO: (io) *Che faccio io?* _____ What am I doing (making)?

1. (Leonardo) _____

2. (le ragazze) _____

3. (io) _____

4. (Vincenzo e io) _____

5. (lei) _____

6. (voi) _____

7. (tu) _____

8. (Il Sig. e La Sig. ra Bruni) _____

9. (loro) _____

10. (Rachele e Elvira) _____

B.   Answer the following questions. Refer to the sketches for the answer. Be certain to use the correct form of the verb instead of the infinitive.

parlare al telefono

fare la spesa

leggere il libro d'inglese

ballare il tango

studiare molto

MODELLI: Che fai? *Leggo il libro d'inglese*

What are you doing? I am reading the English book.

Cosa fate? *Balliamo il tango.*

What are you doing? We are dancing the tango.

Che cosa fa Alcide? *Alcide parla al telefono.*

What is Alcide doing? Alcide is talking on the telephone.

1. Che fai?

_____

2. Cosa fate?

_____

3. Che cosa fa Leonardo?

_____

4. Che fa la ragazza?

_____

5. Cosa fa la mamma di Gregorio?

_____

C. Write a sentence telling what you do at the times mentioned in each question. Write an original answer or pick the best answer from the list below.

Studio (studiamo) l'italiano.
Scrivo (scriviamo) le lezioni.
Vado (andiamo) a dormire.
Parlo (parliamo) al telefono.
Vado (andiamo) a scuola.
Faccio (facciamo) la spesa.

MODELLI: Che fai alle otto della mattina? *Vado a scuola.*

Che fate alle otto della mattina? *Andiamo a scuola.*

1. Che fai alle otto della mattina? _____

2. Che fai alle nove della mattina? _____

3. Che fai alle undici della mattina?_____

4. Che fai alle dodici del pomeriggio? _____

5. Che fai alle quattro del pomeriggio? _____

6. Che fate alle cinque della sera? _____

7. Che fate alle sei della sera? _____

8. Che fate alle otto della sera? _____

9. Che fate alle nove della sera? _____

10. Che fate alle dieci della sera? _____

II. *Fare* is used in many idiomatic expressions. Some idioms are:

Che tempo fa?	How's the weather?
(Non) Fa bel tempo.	The weather is (not) good.
(Non) Fa cattivo tempo.	The weather is (not) bad.
(Non) Fa freddo.	It is (not) cold.
(Non) Fa fresco.	It is (not) cool.
(Non) Fa caldo.	It is (not) hot.

Other expressions related to weather are:

(Non) C'è un bel sole.	It is (not) sunny.
(Non) Tira vento.	It is (not) windy.
(Non) Piove.	It is (not) raining.
(Non) Nevica.	It is (not) snowing.

A. Below each picture write two or more sentences describing the weather conditions illustrated.

MODELLO: *C'è un bel sole.*
Fa bel tempo.
Non fa freddo.

1. _____

2. _____

3. _____

4. _____

5. _____

_____

B. Answer the following questions with the appropriate month or months.

I mesi dell' anno sono:

gennaio	febbraio	marzo	aprile	maggio	giugno
luglio	agosto	settembre	ottobre	novembre	dicembre

MODELLI: In che mese fa freddo? *Fa freddo in gennaio.*

In che mesi fa freddo? *Fa freddo in dicembre, gennaio e febbraio.*

1. In che mese fa fresco?

   _____

2. In che mesi fa freddo?

   _____

3. In che mesi fa bel tempo?

   _____

4. In che mesi fa cattivo tempo?

   _____

5. In che mese fa molto caldo?

   _____

6. In che mesi nevica?

   _____

7. In che mese piove molto?

   _____

8. In che mesi tira vento?

   _____

III. You now know two groups of idiomatic expressions; idioms with *avere* and idioms with *fare*. They are written below.

A. Make new sentences by rewriting the model sentence. Replace the underlined words and expressions chosen from the following lists.

lunedì	(Non) Fa bel tempo	ho (molto) freddo
martedì	(Non) Fa cattivo tempo	ho (molta) sete
mercoledì	(Non) Fa freddo	ho (molta) fame
giovedì	(Non) Fa fresco	ho (molto) sonno
venerdì	(Non) Fa caldo	ho (molta) paura
sabato		ho (molta) fretta
domenica		Ho (molto) caldo

MODELLI: *È lunedì, fa caldo e ho sete.*
È mercoledì, fa freddo e ho fame.

1. _____
2. _____
3. _____
4. _____
5. _____
6. _____
7. _____

B. Follow the models and answer the questions. (*Quando* means "when")

Modelli:

Quando fa freddo, hai freddo? *Sì, quando fa freddo, ho freddo.*

or

No, quando fa freddo, non ho freddo.

Quando fa freddo, avete freddo? *Sì, quando fa freddo abbiamo freddo.*

or

No, quando fa freddo, non abbiamo freddo.

1. Quando fa caldo, hai caldo?

_____

2. Quando fa bel tempo, hai sonno?

_____

3. Quando fa freddo, hai fame?

_____

4. Quando fa caldo, avete caldo?

_____

5. Quando fa cattivo tempo, hai paura?

_____

Lezione XVI — DOMANDE

GRAMMATICA: Interrogative sentences

VOCABOLARIO: Interrogative words

I. An interrogative word is used to indicate a question. In Italian, the interrogative word precedes the verb and subject. You have already used some of these words: *che, dove, quando, quanti.*

Study the following list of interrogative words and the sentences in which they are used.

Interrogatives	*Interrogative sentences*
perchè (why)	Perchè studia Lei?
(cosa, che cosa) che? (what)	Che desideri?
quando? (when)	Quando vai a scuola?
chi? (who)	Chi è il tuo amico?
di chi? (whose)	Di chi è questo libro?
dove? (where)	Dove vai domenica?
quale? (which)	Qual'è il tuo cappello?
quali? (which, plural)	Quali sono i libri di Teresa?
come? (how)	Come stai?
quanti? (how many)	Quanti anni hai?

A. Choose the appropriate interrogative for each sentence below.

MODELLO: (Dove, Quando) _*Dov'*_ è il tuo amico?

1. (Perchè, Come) _____ c'è una festa?

2. (Che, Quando) _____ ora è?

3. (Quando, Chi) _____ va alla classe d'italiano?

4. (Perchè, Chi) _____ è il tuo amico?

5. (Come, Chi) _____ è nella classe di storia?

6. (Di chi, Quando) _____ è questa penna?

7. (Dove, Chi) _____ è la casa di Maurizio?

8. (Chi, Perchè) _____ è il ragazzo alto?

9. (Come, Che) _____ sta tuo papà?

10. (Perchè, Chi) _____ vai a casa?

B. From the list below select and write the best answer to each question.

Anita è la mia amica.
C'è una festa perchè è il compleanno di Anita.
Anita fa la festa in casa.
Anita ha un nuovo vestito giallo.
La festa è il 10 dicembre.
Gli amici comprano un cappello per Anita.

MODELLO: Cosa comprano gli amici per Anita?

Gli amici comprano un cappello per Anita.

1. Chi è la tua amica?

   _____

2. Che vestito ha per la festa?

   _____

3. Quando è la festa?

   _____

4. Perchè c'è una festa?

   _____

5. Dov'è la festa?

   _____

D. From the list below select the best *question* for each answer, and write it before the appropriate answer.

   Com'è il professor Smith?
   Chi è Emilio?
   Quando c'è l'esame d'inglese?
   Cosa studia Emilio?
   Chi è il professore d'inglese
   Perchè studia molto Emilio?

MODELLO: *Chi è Emilio?*   Emilio è il mio amico.

1. _____

   Emilio studia l'inglese.

2. _____

   Emilio studia molto perchè ha un esame.

3. _____

   L'esame è mercoledì.

4. _____

   Il professore è il Sig. Smith.

5. _____

   Il Sig. Smith è un professore molto alto.

II. A. Write a question for each statement given. Replace the underlined word or words in each sentence with an interrogative word chosen from the list.

   Che?   **Chi?**   **Quando?**   **Dove?**   **Come?**

MODELLI: La ragazza studia l'inglese.
            Che studia la ragazza?
            La ragazza studia l'inglese.
            Chi studia l'inglese?

1. Fernando ha un cappello nero.

   _____

2. Sandro compra una giacca nera.

   _____

3. Il compleanno di Sara è il 10 gennaio.

   _____

4. Gli studenti sono nella classe di storia.

   _____

5. Marina sta molto bene.

   _____

B. Write a question for each statement. Begin each question with the interrogative word in parenthesis. Change the word order if necessary.

MODELLI: Anna è in casa. (Dove) *Dov'è Anna?*
            Marco studia l'inglese. (Che) *Che studia Marco?*

1. Roberto studia per l'esame.

   (Perchè) _____

2. Alberto e Rocco sono a scuola.

   (Dove) _____

3. Silvana e Olivia stanno molto bene.

   (Come) _____

4. Mirella è l'amica di Sofia.

   (Chi) _____

5. La festa di Pasqua è domenica.

   (Quando) _____

6. Il Sig. Masini legge la lettera.

   (Cosa) _____

7. Rosa parte per l'Italia domani.

   (Quando) _____

8. I ragazzi non lavorano molto.

   (Chi) _____

9. Il vestito è di Sabina.

   (Di chi) _____

10. Gli studenti intelligenti sono Mario e Carlo.

   (Chi) _____

Lezione XVII — SAPERE O CONOSCERE?

GRAMMATICA: *sapere* and *conoscere* (present tense)

VOCABOLARIO: l'indirizzo, numero di telefono, nuotare, cantare, ascoltare, abitare, musica, matematica, rapidamente, lentamente

I. *Sapere* and *Conoscere* both express "to know" but each verb has a different meaning. *Sapere* means to know something, a fact, or how to do something. *Sapere* is an irregular verb. The forms for the present tense are:

io — so
tu — sai
lui, lei, Lei — sa
noi — sappiamo
voi — sapete
loro, Loro — sanno

A. Fill in the blanks below with the correct form of *sapere*.

MODELLO: Tu __*sai*__ la lezione. — You know the lesson.

1. Io _____ la lezione di storia.

   Tu _____ la lezione di matematica.

   Alberto _____ il numero di telefono di Marco.

   Dora e io _____ l'indirizzo della casa.

   Le ragazze _____ l'indirizzo della scuola.

2. _____ tu la lezione?

   _____ Nando la lezione di musica?

   _____ il ragazzo la lezione d'inglese?

   _____ voi il numero di telefono di Enzo?

   _____ Lei il mio indirizzo?

B. When indicating that someone knows how to do something, use *sapere* followed by the infinitive form of the verb that tells what the subject knows how to do.

So parlare italiano. — I know how to speak Italian.
Alberto sa ballare. — Albert knows how to dance.
Sappiamo nuotare bene. — We know how to swim well.
Le ragazze sanno cantare. — The girls know how to sing.

Combine one of the verb forms on the left with any infinitive on the right to make sentences. Write two different sentences for each subject.

So   parlare italiano.
Sai   ballare il tango.
Giancarlo sa   cantare bene.
Sappiamo   nuotare bene.
I ragazzi sanno   leggere rapidamente.

MODELLO: *Giancarlo sa leggere rapidamente.*

1. _____
2. _____
3. _____
4. _____
5. _____
6. _____
7. _____
8. _____
9. _____
10. _____

II. The verb *conoscere* means to know or be acquainted with someone or with some place. *Conoscere* follows the regular pattern for *-ere* verbs in the present tense.

io — conosco
tu — conosci
lui, lei, Lei — conosce
noi — conosciamo
voi — conoscete
loro, Loro — conoscono

A. Fill in the blanks with the correct form of *conoscere*.

1. Io _____ Andrea.

2. Luigi _____ San Francisco.

3. Tu _____ la ragazza.

4. I ragazzi _____ la città.

5. Carmela _____ la Sig. na Martini.

6. Tu _____ Roma.

7. Voi _____ Chicago.

8. Carola e Susanna _____ Aldo.

9. Pietro e io _____ il tuo amico.

10. Io _____ la chiesa nuova.

B. Make up sentences using correct forms of *conoscere* and the pairs of words given below.

MODELLI:

Pietro	Paolo	*Pietro conosce Paolo.*
Pietro e io	ragazzo	*Pietro e io conosciamo il ragazzo.*
Pietro e Maria	la città	*Pietro e Maria conoscono la città.*

	Subject	Acquainted with	
1.	Io	Chicago	_____
2.	Il ragazzo	il Sig. Ciardi	_____
3.	Anna Maria e io	la città	_____
4.	Voi	Roma	_____
5.	Tu	Franco	_____
6.	Gli studenti	la Sig. na Montesi	_____
7.	Emilio e Marco	il ristorante nuovo	_____
8.	Voi	Antonio	_____
9.	La Sig. ra Tini	il giardino grande	_____
10.	Filippo, Stefano, e io	il professore di storia	_____

III. A. You have learned to use *sapere* to indicate that something is known; *conoscere* to indicate that someone or some place is known. Underline the correct verb in each of the following sentences.

MODELLO: (So-Conosco) Antonio.

1. (So-Conosco) la lezione di storia.
2. (Sai-Conosci) Andrea?
3. Alba (sa-conosce) San Francisco.
4. Iva e io (sappiamo-conosciamo) il numero di telefono.
5. Le ragazze (sanno-conoscono) il giardino.
6. I ragazzi (sanno-conoscono) l'indirizzo di Pietro.
7. (So-Conosco) l'indirizzo della scuola.
8. Liduina (so-conosce) Roma.
9. (Sai-Conosci) parlare italiano?
10. Alcide (sa-conosce) dove abita Mauro.

B. Fill in the blanks in the following sentences with the correct form of *sapere* or *conoscere*.

MODELLO: Alfia _Conosce_ Angela.

1. Io _____ la lezione di matematica.
2. Tu _____ Milano.
3. Zenobia e io _____ nuotare bene.
4. Il mio amico _____ Francesco.
5. Alicia e Livia _____ Gianni e Vittorio.
6. Tu _____ il numero di telefono di Sara.

7. Il mio amico e io ＿＿＿＿＿＿ la città.

8. Gli studenti ＿＿＿＿＿＿ leggere l'italiano.

9. Io ＿＿＿＿＿＿ il Sig. Berti.

10. Angela ＿＿＿＿＿＿ dov'è il libro.

Lezione XVIII — GIOCARE O SUONARE?

GRAMMATICA: The verbs *giocare* and *suonare* (present tense)

VOCABOLARIO: lo sport, il tennis, il golf, il calcio, il futbol, il baseball, il ciclismo, le bocce, la pallacanestro, la pallavolo, il hockey, il pianoforte, la chitarra, il violino, il clarinetto, l'organo, la trombetta, il flauto, i tamburi, la banda, l'orchestra, il padre, la madre

I.   A.   *Giocare* (to play) refers to playing a game or participating in a sport. The forms in the present tense are:

io — gioco
tu — giochi
lui, lei, Lei — gioca
noi — giochiamo
voi — giocate
loro, Loro — giocano

Fill in the blanks below with the correct form of *giocare*.

MODELLO: Lei _*Gioca*_ a baseball.

1. Paolo _____ a tennis.

2. Il mio amico e io _____ a football.

3. Io _____ a baseball.

4. Le ragazze _____ a pallavolo.

5. Elena _____ a golf.

6. _____ tu a pallacanestro?

7. Il Sig. Ferri e io _____ a bocce.

8. Io _____ a tennis.

9. Tu _____ a calcio.

10. Gli studenti _____ a tennis.

B.   Answer each question below with the correct form of giocare and the name of the sport indicated by the sketches.

MODELLI: Che giochi?   _Gioco a tennis._

Che giocate?   _Giochiamo a tennis._

Che gioca Mario?   _Mario gioca a tennis._

| tennis | football | baseball | golf | pallacanestro | hockey |

1. A che gioca Giacomo?

   _____

2. A che giocano Alberto e Riccardo?

   _____

3. A che giochi tu?

   _____

4. A che gioca Beatrice?

   _____

5. A che giocano le ragazze?

   _____

6. A che gioca il padre di Pietro?

   _____

7. A che giocate voi?

   _____

8. A che gioca Marco?

   _____

9. A che gioca Lei?

   _____

10. A che giocano gli studenti?

   _____

C. Answer the following questions with answers true for you.

MODELLO: A quale sport giochi?_*Gioco a tennis.*_

   A quale sport gioca tuo padre?_*Mio padre gioca a golf.*_

1. A quale sport giochi?   _____

2. A quale sport gioca tuo padre?_____

3. A quale sport gioca tua madre?_____

4. A quale sport giocano gli studenti?_____

5. A quale sport giocano i tuoi amici?_____

II. A. *Suonare* (to play) is used when referring to playing an instrument or playing in an instrumental group. The forms of *suonare* in the present tense are:

io — suono
tu — suoni
lui, lei, Lei — suona
noi — suoniamo
voi — suonate
loro, Loro — suonano

Complete the following sentences according to the model.

MODELLO: Suono la trombetta. E Mirella?

Anche Mirella suona la trombetta.

1. Suono la trombetta. E tu?

_____

2. Tu suoni la chitarra. E Giovanni?

_____

3. Lei suona il violino. E Fausto?

_____

4. I miei amici suonano in una banda. E gli amici di Renzo?

_____

5. Suoniamo in una orchestra. E voi?

_____

6. Voi suonate la trombetta. E Silvana e Luciana?

_____

7. Tu suoni il flauto. E gli amici?

_____

8. Mio fratello suona i tamburi. E Marco?

_____

9. Io suono il clarinetto. E voi?

_____

10. Marta e io suoniamo l'organo. E Lei?

_____

B.   Answer the following questions with answers true for you.

MODELLO: Suoni il violino?

Sì, suono il violino. or *No, non suono il violino.*

1. Suoni il pianoforte?

_____

2. Tuo padre suona la chitarra?

_____

3. I tuoi fratelli suonano la chitarra?

_____

4. Il tuo amico suona il violino?

_____

5. Suonano in una banda gli studenti?

_____

III. A. In the following sentences underline the appropriate verb.

MODELLO: Mio fratello (gioca-<u>suona</u>) il clarinetto.

1. I ragazzi (giocano-suonano) in una buona banda.
2. Io (gioco-suono) a tennis.
3. Mio fratello (gioca-suona) i tamburi.
4. I miei amici e io (giochiamo-suoniamo) a baseball.
5. Filippo e io (giochiamo-suoniamo) in una grande orchestra.
6. Paolo (gioca-suona) a tennis.
7. (Giochi-suoni) tu il clarinetto?
8. Io (gioco-suono) la chitarra.
9. (Giochi-suoni) tu a calcio?
10. Gli studenti (giocano-suonano) a bocce.

B. Make up sentences using the subject and game or instrument given. Combine them with the correct form of *suonare* or *giocare*.

MODELLI: io   la chitarra   *Io suono la chitarra.*

         io   baseball   *Io gioco a baseball.*

1. Franco   i tamburi   _____

2. Io   il clarinetto   _____

3. Tu   golf   _____

4. Anna e io   la trombetta   _____

5. Tu   la chitarra   _____

6. Gli studenti   bocce   _____

7. Ezio, Didimo e io   baseball   _____

8. Io   calcio   _____

9. Lidua   tennis   _____

10. I ragazzi   il violino   _____

68

Lezione XIX — ANCORA PIÙ VERBI!

GRAMMATICA: Irregular *-ere* verbs; *-ire* verbs adding *-isc*

VOCABOLARIO: volere, potere, dovere, finire, pulire, capire, preferire

I.   In Lesson 12 you learned the forms for regular *-ere* verbs. There are many irregular *-ere* verbs. In this lesson we will learn the forms of the present tense for the verbs *volere* (to wish, to want), *potere* (to be able, can), and *dovere* (to have to).

   A.   Study the following models; write the correct forms of *volere*, *potere* and *dovere*.

   MODELLI:

volere	*potere*
Io voglio mangiare.	Io posso parlare italiano.
Tu vuoi mangiare.	Tu puoi parlare italiano.
Lei vuole mangiare.	Lei può parlare italiano.
Noi vogliamo mangiare	Noi possiamo parlare italiano.
Voi volete mangiare	Voi potete parlare italiano.
Loro vogliono mangiare.	Loro possono parlare italiano.

   dovere
   Io devo studiare.
   Tu devi studiare.
   Lei deve studiare.
   Noi dobbiamo studiare.
   Voi dovete studiare.
   Loro devono studiare.

   1. *volere*

   Io _____ ballare.

   Alfredo _____ ballare.

   Noi _____ ballare.

   Tu _____ ballare.

   Loro _____ ballare.

   Voi _____ ballare.

   2. *potere*

   Noi _____ cantare bene.

   Tu _____ cantare bene.

   Lei _____ cantare bene.

   Loro _____ cantare bene.

   Voi _____ cantare bene.

   Io _____ cantare bene.

   3. *dovere*

   Bruno e io _____ lavorare.

   Io _____ lavorare.

   Laura _____ lavorare.

   I ragazzi _____ lavorare.

   Voi _____ lavorare.

   Tu _____ lavorare.

B. Complete the following sentences according to the model.

MODELLO: Io voglio ballare. E Amelia?

Anche Amelia vuole ballare.

1. Io voglio ballare. E tu?

_____

2. Noi dobbiamo studiare. E voi?

_____

3. Rocco può suonare il clarinetto. E Alfio?

_____

4. I ragazzi vogliono andare a scuola. E le ragazze?

_____

5. Marta può partire oggi. E Francesca?

_____

6. Tu devi scrivere una lettera. E Loro?

_____

7. Il Sig. Manenti vuole la cena. E voi?

_____

8. Io posso fare la spesa. E Rita?

_____

9. Lei deve studiare la lezione. E Antonio?

_____

10. Michele vuole partire domani. E Alfredo?

_____

C. Following the pattern given in the model, use the subjects and infinitives given to write three different sentences in each exercise.

MODELLO: Io — cantare bene.

Io posso cantare bene. — I can sing well.
Io voglio cantare bene. — I want to sing well
Io devo cantare bene. — I must sing well.

1. La Sig. ra Baroni — lavorare molto.

_____

_____

_____

2. Liduina e io — giocare a tennis domani.

_____

_____

_____

3. I ragazzi — leggere questo libro.

_____

_____

_____

4. Didimo — suonare la chitarra.

_____

_____

_____

D. Rewrite each of the following sentences. Substitute the new subjects and change the underlined verb forms if necessary.

MODELLO: Oggi non posso studiare però domani devo studiare.

(tu) *Oggi non puoi studiare però domani devi studiare.*

1. Oggi Giovanni non può cantare però domani deve cantare.

(Franco e Cesare) _____

_____

2. Oggi tu non puoi andare a scuola però domani devi andare a scuola.

(Lei) _____

_____

3. Oggi loro non <u>possono</u> leggere il libro però domani <u>devono</u> leggere il libro.

(Noi) _____

_____

4. Oggi non <u>possiamo</u> mangiare molto però domani <u>dobbiamo</u> mangiare molto.

(Io) _____

_____

5. Oggi non <u>posso</u> studiare molto però domani <u>devo</u> studiare molto.

(Tu) _____

_____

II. You are already familiar with the forms for such *-ire* verbs as *partire* and *dormire*. **Many *-ire* verbs like *finire* (to finish), *pulire* (to clean), *capire* (to understand) and *preferire* (to prefer) add *-isc* to their stem in all the persons of the singular and in the third person plural of the present tense.**

	finire	*pulire*	*capire*	*preferire*
Io	finisco	pulisco	capisco	preferisco
Tu	finisci	pulisci	capisci	preferisci
Lei	finisce	pulisce	capisce	preferisce
Loro	finiscono	puliscono	capiscono	preferiscono
Noi	finiamo	puliamo	capiamo	preferiamo
Voi	finite	pulite	capite	preferite

A. Write in the blanks below the correct forms of the verb given at the top of each list.

MODELLO: *finire*

Io __*finisco*__ la lezione.

Tu __*finisci*__ la lezione.

Lui __*finisce*__ la lezione.

Tu e io __*finiamo*__ la lezione.

Loro __*finiscono*__ la lezione.

Voi __*finite*__ la lezione.

1. *pulire*

Maria _____ la casa.

Io _____ la casa.

Voi _____ la casa.

Noi _____ la casa.

Loro _____ la casa.

Tu _____ la casa.

2. *capire*

I ragazzi _____ la lezione di storia.

Tu _____ la lezione di storia.

Franco _____ la lezione di storia.

Noi _____ la lezione di storia.

Io _____ la lezione di storia.

Voi _____ la lezione di storia.

3. *preferire*

Io _____ la giacca rossa.

Voi _____ la giacca rossa.

Loro _____ la giacca rossa.

Il Sig. Caselli _____ la giacca rossa.

Tu _____ la giacca rossa.

Noi _____ la giacca rossa.

4. *finire*

Noi _____ il libro interessante.

Io _____ il libro interessante.

Selma _____ il libro interessante.

Clara e Pietro _____ il libro interessante.

Tu _____ il libro interessante.

Voi _____ il libro interessante.

B. Complete each of the following sentences. Refer to the model for help.

MODELLO: Io capisco la lezione. E Tina?

Anche Tina capisce la lezione.

1. Franco finisce il libro. E Mario?

_____

2. Lei capisce tutto. E noi?

_____

3. I ragazzi preferiscono il calcio. E gli studenti?

_____

4. Teresa pulisce la casa. E Zenobia?

_____

5. Io finisco la lettera. E voi?

_____

6. Gianni pulisce le scarpe. E Renzo?

_____

7. Io preferisco il tennis. E Iva?

_____

8. Silvio capisce bene l'italiano. E tu?

_____

9. Il professore finisce la lezione interessante. E gli studenti?

_____

10. Giorgio preferisce il calcio. E tu?

_____

C. Put the following words in the proper order to form a logical sentence. Change the infinitive to the correct verb form. Don't forget capitals and period.

MODELLO: mia/spiaggia/preferire/madre/la

Mia madre preferisce la spiaggia.

1. preferire/lezione/nuova/la/io _____

2. cena/la/finire/noi/otto/alle _____

3. sabato/pulire/casa/Marta/la _____

4. Lucia/bene/capire/lezione/la _____

5. nero/il/preferire/Gianni/cane _____

Lezione XX — VERBI RIFLESSIVI

GRAMMATICA: Use of reflexive verbs and reflexive pronouns.

VOCABOLARIO: chiamarsi, sedersi, alzarsi, lavarsi, divertirsi, mettersi, levarsi, addormentarsi, la tavola, la sedia, la faccia, le mani, presto, tardi, la mattina, la sera, ora, adesso.

I.   A.   A verb is called reflexive when the subject does something to itself. *Si* attached to an infinitive indicates a reflexive verb. Some common reflexive verbs are listed below.

> chiamarsi — to be named
> sedersi — to sit down
> alzarsi — to get up, to stand up
> lavarsi — to get washed
> divertirsi — to have a good time, to enjoy oneself
> mettersi — to put on (clothing)
> levarsi — to take off (clothing)
> addormentarsi — to fall asleep

A reflexive pronoun (*mi, ti, si, ci, vi, si*) must always be used with a reflexive verb. Study the forms of *sedersi* given below.

(Io) *Mi siedo* in una sedia comoda.   — I sit down in a comfortable chair.

(Tu) *Ti siedi* in una sedia comoda.   — You sit down in a comfortable chair.

Dino *si siede* in una sedia comoda.   — Dino sits down in a comfortable chair.

Tina e io *ci sediamo* in una sedia comoda.   — Tina and I sit down in a comfortable chair.

(Voi) *Vi sedete* in una sedia comoda.   — You sit down in a comfortable chair.

I ragazzi *si siedono* in una sedia comoda.   — The children sit down in a comfortable chair.

Note that *si* is used with both the singular and plural of the third person. Write in the blanks below the appropriate reflexive pronoun: *mi, ti, si, ci, vi, si*

MODELLO: Tu __*ti*__ addormenti.

1. Io _____ alzo ora.

2. Luca _____ alza alle sette.

3. Tu e io _____ laviamo la faccia.

4. Tu _____ diverti molto.

5. I ragazzi _____ mettono le scarpe nuove.

6. Io _____ levo il cappello.

7. Rocco _____ mette la camicia.

8. Come _____ chiami tu?

9. Voi _____ divertite oggi.

10. Lei _____ siede in una sedia nuova.

B. Complete the following sentences with the correct form of the verbs in parentheses. Be sure to use the correct reflexive pronoun.

1. (chiamarsi) Tu _____ Lucia.

2. (sedersi) Noi _____ a tavola.

3. (alzarsi) Io _____ tardi.

4. (lavarsi) Franca _____ la faccia.

5. (divertirsi) I ragazzi _____ a Pasqua.

6. (mettersi) Voi _____ le scarpe comode.

7. (levarsi) Bruno _____ il cappello in chiesa.

8. (divertirsi) Noi _____ a scuola.

9. (mettersi) Io _____ il vestito rosso.

10. (addormentarsi) La nonna non _____ in chiesa.

C. Rewrite the following sentences. Change the underlined verb forms to agree with each new subject.

MODELLO: La mattina, <u>mi alzo</u> presto, <u>mi lavo</u> la faccia e <u>mi siedo</u> a tavola.

(Aldo) _La mattina Aldo si alza presto, si lava la faccia e si siede a tavola._

1. La mattina <u>mi alzo</u> presto, <u>mi lavo</u> la faccia e <u>mi siedo</u> a tavola.

(Mio fratello e io) _____

_____

(Le ragazze) _____

_____

(Tu) _____

_____

(Mirella) _____

_____

(Io) _____

_____

2. Quando Rachele <u>si alza</u> presto, <u>si diverte</u> molto.

(Io) _____

_____

(Claudio) _____

_____

(Alberto e Leonardo) _____

_____

(Tu) _____

_____

(Giulia e io) _____

_____

D. Answer the following questions with true answers. Remember to change the reflexive pronoun whenever you change the verb forms.

MODELLI: Come ti chiami? _*Mi chiamo Marco.*_

A che ora si alza Rita? _*Rita si alza alle sette.*_

1. Come ti chiami? _____

2. Come si chiama il tuo amico? _____

3. A che ora si alza tuo padre? _____

4. A che ora ti addormenti? _____

5. Che vi mettete quando andate a scuola? _____

II. A. You have learned that the reflexive pronouns precede the verb forms. When used with infinitives, the reflexive pronouns are attached to the infinitive. Note that the final -*e* of the infinitive is dropped.

Le ragazze si lavano   Le ragazze possono lavarsi.
Mi alzo alle otto.   Posso alzarmi alle otto.

Using the models as a guide, fill in the blanks with the infinitive and the appropriate reflexive pronoun.

MODELLI: (sedersi) Paolo vuole _*sedersi*_. Paul wants to sit down.

(lavarsi) Devo _*lavarmi*_. I have to wash (myself).

1. (alzarsi) Puoi _____ alle sei?

2. (addormentarsi) Devo _____ presto.

3. (lavarsi) Il ragazzo può _____ la faccia.

4. (divertirsi) Vogliamo _____ alla festa.

5. (addormentarsi) Gli studenti non devono _____ a scuola.

6. (mettersi) Devo _____ una giacca.

7. (sedersi) Potete _____ a tavola.

8. (levarsi) I ragazzi possono _____ i cappelli.

9. (divertirsi) Desideriamo _____ alla spiaggia.

10. (alzarsi) Le ragazze devono _____ presto.

III. A. The reflexive pronoun is missing in each of the following sentences. Decide where the pronoun belongs, and write it in the appropriate place: before or after the verb.

MODELLI: _Mi_ levo _____ il cappello.

Bruno deve _____ levar _Si_ il cappello.

1. Possiamo _____ divertir _____ molto alla festa.

2. _____ alzi _____ presto?

3. Gli studenti _____ levano _____ la giacca.

4. La ragazza _____ lava _____ la faccia.

5. _____ chiamo _____ Laura.

6. Devi _____ alzar _____ presto?

7. I ragazzi vogliono _____ levar _____ i cappelli.

8. Devo _____ seder _____ a tavola.

9. Il ragazzo non può _____ lavar _____ la faccia.

10. _____ chiamo _____ Teresa.

B. Rewrite the following words in the correct order to form a sentence.

MODELLO: faccia/si/Marco//la/lava _Marco si lava la faccia._

1. Natale/ti/a/diverti/molto

   _____

2. mettersi/Maria/vestito/il/nuovo/vuole

   _____

3. domani/alzate/vi/presto

   _____

4. presto/alzarci/dobbiamo

   _____

5. si/Enrico/camicia/pantaloni/e/mette/la/i

   _____

Lezione XXI — INFINITI, INFINITI

GRAMMATICA: Verbs used with the infinitive of another verb.

VOCABOLARIO: sperare di, cercare di, finire di, è necessario, è possibile, è importante, imparare, pensare di, cominciare a

Review: sapere, volere, dovere, potere, andare a

I. A.   You already know how to use the forms of several verbs used with another verb in its infinitive form. For example:

So parlare italiano.   — I know how to speak Italian.
Devo studiare.   — I have to study.
Vado a comprare le scarpe. — I am going to buy the shoes.

Other verbs which take the infinitive are listed below. Note that some of them take *di* before the infinitive.

cercare di (to try to)
Cerco di studiare. (I try to study.)

finire di (to finish)
Finisco di studiare. (I just finished studying.)

sperare di (to hope or expect)
Spero di studiare. (I hope [expect] to study.)

volere (to wish or want)
Voglio studiare (I want to study.)

Following the model sentences, complete each of the sentences below. Choose the name of a different sport for each sentence.

MODELLI: Cerco di giocare a tennis.   *Sport*

a. I miei amici *cercano di giocare a tennis.*   calcio
tennis
b. Alfredo *cerca di giocare a pallacanestro.*   football
bocce
c. Tu *cerchi di giocare a pallavolo.*   pallavolo
d. Tu e io *cerchiamo di giocare a bocce.*   pallacanestro
golf

1. Cerco di giocare a tennis.

    a. I miei amici _____

    b. Didimo _____

    c. Tu _____

    d. Tu e io _____

2. Finisco di giocare a tennis.

    a. Tu _____

    b. Mina _____

c. Ezio _____

d. I ragazzi _____

3. Spero di giocare a tennis.

   a. Felice e io _____

   b. Tu _____

   c. Mio padre _____

   d. Sandro e Giuseppe _____

4. Voglio giocare a tennis.

   a. Il ragazzo _____

   b. Nina e Tina _____

   c. Tu _____

   d. Graziella e io _____

B. Complete the following sentences. Make certain that you write the infinitive form of the verb used in each sentence. Each sentence will end with a different infinitive.

1. MODELLO: Oggi non studio però domani _devo studiare._

   a. Oggi tu non parli italiano però domani _____

   b. Oggi Dino non suona il pianoforte però domani _____

   _____

   c. Oggi Margherita e io non giochiamo a tennis però domani _____

   _____

   d. Oggi i ragazzi non leggono però domani _____

   e. Oggi non lavoro molto però domani _____

2. MODELLO: Non leggo ora; _finisco di leggere._

   a. Tu non balli ora; _____

   b. Enrico non gioca a calcio ora; _____

   c. I miei amici e io non suoniamo la chitarra ora; _____

   _____

   d. Mio padre non lavora ora; _____

   e. Non leggo ora; _____

3. MODELLO: Alberto non scrive la lezione adesso però domani _Spera_
            di scrivere due lezioni.

   a. Tu non suoni il violino adesso però domani _____

80

b. Non scrivo adesso però domani _____

c. Fulvia non gioca adesso però domani _____

d. I miei amici non studiano molto adesso però domani _____

_____

e. Lisa e io non parliamo adesso però domani _____

4. MODELLO: Oggi i ragazzi non cantano però domani _____

_____ *possono cantare.*

a. Oggi Norma non va a scuola però domani _____

b. Oggi non studio però domani _____

c. Oggi tu non ti diverti però domani _____

d. Oggi i ragazzi non capiscono però domani _____

e. Oggi tu e io non lavoriamo però domani _____

II. Some expressions that take the infinitive are very easy to use because they do not change form. Three of these expressions are listed below.

È importante (It is important.)
È importante studiare. (It is important to study.)

È possibile (It is possible.)
È possibile studiare. (It is possible to study.)

È necessario. (It is necessary.)
È necessario studiare. (It is necessary to study.)

A. Choose infinitives from the following list and write four different sentences for each expression.

Infiniti

giocare a tennis	lavorare in casa
parlare italiano	scrivere la lezione
imparare la storia	studiare molto
suonare la chitarra	andare a scuola
ballare il tango	comprare i libri

MODELLO: *È importante*

È importante andare a scuola.

1. È importante

a. _____

b. _____

c. _____

d. _____

2. È possibile

    a. _____

    b. _____

    c. _____

    d. _____

3. È necessario

    a. _____

    b. _____

    c. _____

    d. _____

B. Complete the following sentences. Follow the models given for each exercise.

  1. MODELLO: Non studio però *è importante studiare.*

    a. Emilio non parla italiano però _____

    b. Non scrivo la lezione però _____

    c. Tu non lavori molto però _____

    d. Lei e io non suoniamo il pianoforte però _____

    _____

    e. Voi non siete a scuola però _____

  2. MODELLO: Non studio oggi però *è possible studiare domani.*

    a. Tu non giochi a bocce oggi però _____

    b. Lei non compra il cappello oggi però _____

    c. Non imparo la lezione oggi però _____

    d. Le ragazze e io non lavoriamo oggi però _____

    e. I miei amici non cantano oggi però _____

  3. MODELLO: Non studio oggi però *è necessario studiare domani.*

    a. Non lavoro oggi però _____

    b. Gli studenti non scrivono la lezione oggi però _____

    _____

    c. Mio padre non va a lavorare oggi però _____

    d. Tu e io non giochiamo a tennis oggi però _____

    _____

    e. Tu non suoni il violino oggi però _____

III. A. You now know many expressions that may be followed by infinitives. Using these expressions you can say many things in Italian. Note the many expressions which use the infinitive form of *giocare*.

So giocare a tennis.	— I know how to play tennis.
Devo giocare a tennis.	— I have to play tennis.
Vado a giocare a tennis.	— I'm going to play tennis.
Comincio a giocare a tennis.	— I'm beginning to play tennis.
Penso di giocare a tennis.	— I plan to play tennis.
Voglio giocare a tennis.	— I want to play tennis.
Preferisco giocare a tennis.	— I prefer to play tennis.
Posso giocare a tennis.	— I can play tennis.
Cerco di giocare a tennis.	— I'm trying to play tennis.
Finisco di giocare a tennis.	— I just finished playing tennis.
Spero di giocare a tennis.	— I hope to play tennis.
Desidero giocare a tennis.	— I wish to play tennis.
È importante giocare a tennis.	— It's important to play tennis.
È necessario giocare a tennis.	— It's necessary to play tennis.
È possibile giocare a tennis.	— It's possible to play tennis.

Note that the subject is omitted with *è importante*, *è necessario* and *è possibile*.

In each section, choose verb expressions from the list and write five different sentences. Use the subject and infinitive you are given.

sapere	preferire	volere
dovere	potere	è importante
andare a	cercare di	è necessario
cominciare a	finire di	è possibile
pensare di	sperare di	

MODELLO: (Marco-studiare)

a. *Marco sa studiare.*

b. *Marco pensa di studiare.*

c. *Marco finisce di studiare.*

d. *Marco vuole studiare.*

e. *È necessario studiare.*

1. (Io — imparare l'italiano)

a. _____

b. _____

c. _____

d. _____

e. _____

2. (Tu — lavorare molto)

   a. _____

   b. _____

   c. _____

   d. _____

   e. _____

3. (Rino — giocare a tennis)

   a. _____

   b. _____

   c. _____

   d. _____

   e. _____

4. (Gli studenti — scrivere la lezione)

   a. _____

   b. _____

   c. _____

   d. _____

   e. _____

5. (I miei amici e io — suonare la chitarra)

   a. _____

   b. _____

   c. _____

   d. _____

   e. _____

B. Write an original sentence for each verb form in parentheses. You may choose a subject and infinitive phrase from the lists or use any other subjects and phrases you wish. Be as creative as you can!

Subjects	*Infinitive phrases*
Marco e io	giocare a tennis
Io	mangiare un panino
Tu	parlare italiano
Zenobia	imparare la matematica
Voi	scrivere la lezione
Tina e Liduina	ballare il tango
I ragazzi	suonare la chitarra

MODELLO: (sapere) *I ragazzi sanno parlare italiano.*

1. (devo) _____
2. (va a) _____
3. (comincia a) _____
4. (pensiamo di) _____
5. (vogliono) _____
6. (preferisco) _____
7. (puoi) _____
8. (vuole) _____
9. (cerchiamo di) _____
10. (finiscono di) _____
11. (spero di) _____
12. (desideri) _____
13. (è importante) _____
14. (è necessario) _____
15. (è possibile) _____

Lezione XXII — TI PIACE?

GRAMMATICA: Use of *piacere* and *mancare*: object pronouns

VOCABOLARIO: piacere, mancare, la gonna, il lago, la roba, i dolci

I.   A.   In order to say that you like something in Italian, you must say that the thing is pleasing to you. For example, "I like the book" is expressed as "The book is pleasing to me."

Note the forms of *piacere* (to like) below. Used this way, *piacere* does not change in form as other verbs do. However, the indirect object pronouns, *mi, ti, gli, le, ci, vi, loro* indicate who likes the thing mentioned.

mi piace — I like
ti piace — You like (fam.)
gli piace — He likes
le piace — She likes
Le piace — You like (formal)
ci piace — we like
vi piace — you like (plural fam.)
piace loro — they like
piace Loro — you like (formal)

Note that *loro* always follows the verb.

Choose items from the list below and write two sentences using each form of *piacere*.

la gonna	il vestito
la camicia	il cappello
la penna	il libro
la matita	il quaderno
la classe	il panino

MODELLO: *Mi piace*

Mi piace la gonna.
Mi piace il vestito.

1. *Mi piace*

2. *Ti piace*

3. *Le piace*

4. *Ci piace*

5. *Vi piace*

6. *Piace loro*

86

B. If more than one thing is liked, the verb form is *piacciono*.

> Mi piacciono i libri — I like the books.
> Ti piacciono i libri — You like the books.
> Gli piacciono i libri — He likes the books.
> Ci piacciono i libri — We like the books.
> Vi piacciono i libri — You like the books.
> Piacciono loro i libri — They like the books.

Rewrite the following sentences changing *piacere* and the names of the things liked from the singular to the plural forms.

MODELLI: Mi piace il panino
Mi piacciono i panini.

Gli piace la casa.
Gli piacciono le case

1. Ti piace la sedia. _____

2. Gli piace la camicia. _____

3. Mi piace il cane. _____

4. Le piace il giardino. _____

5. Ti piace il cappello. _____

6. Vi piace la gonna. _____

7. Ci piace la classe. _____

8. Mi piace la scuola. _____

9. Vi piace il vestito. _____

10. Gli piace la tavola. _____

C. In order to say that you are missing something in Italian, you must say that the thing is "lacking to you." For example, "I'm missing the book" is expressed as, "A book is lacking to me." *Mancare* is used just like *piacere*. Study the forms below.

> Mi manca un libro. — (mancano i libri)
> I'm missing a book (books).
>
> Ti manca un libro. — (mancano i libri)
> You're missing a book (books).
>
> Gli manca un libro. — (mancano i libri)
> He is missing a book (books).
>
> Ci manca un libro. — (mancano i libri)
> We're missing a book (books).
>
> Vi manca un libro — (mancano i libri)
> You're missing a book (books).
>
> Manca loro un libro — (mancano loro i libri)
> They're missing a book (books).

Write a sentence using each form of *mancare* that is given. Remember that *loro* follows the verb.

MODELLI:　(Manca loro) *Manca loro una matita.*

　　　　　(Mi mancano) *Mi mancano i quaderni.*

1. (Mancano loro) _____

2. (Ti manca) _____

3. (Ci manca) _____

4. (Mi manca) _____

5. (Gli mancano) _____

6. (Le manca) _____

7. (Mi mancano) _____

8. (Manca loro) _____

9. (Ti mancano) _____

10. (Ci mancano) _____

D. Fill in the blanks below with *piace, piacciono, manca* or *mancano*. **Refer to the** models.

MODELLI:　(piacere) Mi *piacciono* i pantaloni.

　　　　　(mancare) Ci *manca* il libro.

1. (piacere)　　Mi _____ la gonna.

2. (mancare)　 Le _____ il libro.

3. (mancare)　 Ti _____ le matite.

4. (piacere)　　_____ loro i pantaloni.

5. (mancare)　 Ci _____ i quaderni.

6. (piacere)　　Mi _____ le scarpe.

7. (piacere)　　Gli _____ la camicia.

8. (mancare)　 Vi _____ la penna.

9. (mancare)　 Ti _____ le sedie.

10. (piacere)　 Le _____ il vestito.

II.　A. The meanings of such phrases as *mi piace, ti piace,* etc. may be rendered also as follows:

A me piace	mi piace
A te piace	ti piace
A lui piace	gli piace
A lei piace	le piace
A noi piace	ci piace
A voi piace	vi piace
A loro piace	piace loro

Change the following sentences by replacing the indirect object pronoun with a phrase from the list below. Remember that the phrase you choose must agree with the indirect object pronoun.

a me	a Elena
a te	a Dino
a lui	a noi
a lei	a voi
a Lei	a loro

MODELLI: Mi piace la gonna. *A me piace la gonna.*

Le piacciono i libri. *A lei piacciono i libri.*

1. Mi piace la classe. _____

2. Ci piace la gonna. _____

3. Gli mancano i libri. _____

4. Ti manca la giacca. _____

5. Le piace il vestito. _____

6. Mi mancano le penne. _____

7. Ci mancano le matite. _____

8. Ti piacciono i pantaloni. _____

9. Vi piacciono i dolci. _____

10. Le manca il quaderno. _____

B. Fill in the blanks below with the correct object pronoun (*mi, ti, gli, Le, le, ci, vi*)

MODELLO: A Roberto *gli* piace?

1. A voi _____ piace?

2. A me _____ manca?

3. A voi _____ piacciono?

4. A lui _____ mancano?

5. A te _____ piace?

6. A Berto e a me _____ piace?

7. A lui _____ mancano?

8. A Didimo _____ piace?

9. A Lei _____ manca?

10. A Gina e a me _____ piacciono?

III. A. To say that you like to do something, use the correct form of piacere and the infinitive form of the verb.

Mi piace cantare — I like to sing.
A Gino piace ballare — Gino likes to dance.

Write two different sentences for each form of *piacere*. Choose infinitive phrases from the list or write your own.

leggere libri interessanti	andare alla spiaggia
parlare italiano	comprare la roba
mangiare dolci	giocare a tennis
suonare il pianoforte	ballare il tango
cantare canzoni italiane	mangiare molto

MODELLO: *Mi piace*

Mi piace parlare italiano.
Mi piace mangiare molto.

1. *Mi piace*

_____

_____

2. *Ti piace*

_____

_____

3. *Le piace*

_____

_____

4. *Ci piace*

_____

_____

5. *Vi piace*

_____

_____

6. *Piace loro*

_____

_____

B. Answer the following questions. Refer to the sketches for the answer.

cantare   **mangiare molto**   **ballare il tango**

giocare a baseball   **suonare la chitarra**

MODELLI: Che piace fare a Rino?

Gli piace suonare la chitarra.

Che ti piace fare?

Mi piace cantare.

Che vi piace fare?

Ci piace giocare a baseball.

1. Che piace fare a Giuseppe? _____

2. Che ti piace fare? _____

3. Che vi piace fare? _____

4. Che piace fare a Marco? _____

5. Che vi piace fare? _____

IV. A. Before concluding our present study of Italian, let us look at a map of Italy and take note of some Italian cities.

1. L'Italia ha la forma di uno stivale.

2. Roma è la capitale d'Italia.

3. Firenze è il centro artistico d'Italia.

4. Venezia è la città dei canali e delle gondole.

5. Genova è il porto principale d'Italia. Cristoforo Colombo è nato a Genova.

6. Napoli è un porto e "la città della canzone."

7. Milano è una città commerciale. È "la Chicago" d'Italia.

8. Torino è una città industriale. È "la Detroit" d'Italia.

9. La Sicilia è l'isola più grande d'Italia.

10. L'Italia è situata nel mare Mediterraneo.

I. Answer the following questions based on the statements above.

1. Quale città è la capitale d'Italia?

2. Dov'è nato Cristoforo Colombo?

3. Quali sono due porti importanti?

4. Quale città è "la Chicago" d'Italia?

5. Quale città è il centro artistico?

6. Dov'è situata l'Italia?

7. Qual'è l'isola più grande?

8. Quale città è "la Detroit" d'Italia?

9. Quale città ha canali e gondole?

10. Qual'è la "città della canzone"?

B. Names of Italian cities are hidden among these letters. They read forward, backward, down or diagonally. Draw a line around each as you find it. Check the list below.

```
G  E  N  O  V  A  B  C  D
E  R  A  V  E  N  N  A  F
G  I  P  I  N  F  L  M  N
A  M  O  R  E  O  R  S  T
U  I  L  U  Z  M  P  Z  A
B  N  I  P  I  S  A  C  D
E  I  F  L  A  G  L  N  F
O  P  A  R  S  T  E  I  U
V  N  Z  A  B  C  R  D  E
O  R  S  T  U  E  M  V  Z
T  O  R  I  N  O  O  R  B
A  C  F  Z  G  I  N  C  A
B  D  E  P  O  M  P  E  I
```

Firenze	Pompei
Genova	Ravenna
Milano	Rimini
Napoli	Roma
Palermo	Torino
Pisa	Venezia